Roman Mildner

ProjectCrunch

Roman Mildner

ProjectCrunch

Skeptische Einblicke in Projektmanagement und Unternehmensführung

Bloggingbooks

Impressum / Imprint
Bibliografische Information der Deutschen Nationalbibliothek: Die Deutsche Nationalbibliothek verzeichnet diese Publikation in der Deutschen Nationalbibliografie; detaillierte bibliografische Daten sind im Internet über http://dnb.d-nb.de abrufbar.

Bibliographic information published by the Deutsche Nationalbibliothek: The Deutsche Nationalbibliothek lists this publication in the Deutsche Nationalbibliografie; detailed bibliographic data are available in the Internet at http://dnb.d-nb.de.

Coverbild / Cover image: www.ingimage.com

Verlag / Publisher:
Bloggingbooks
ist ein Imprint der / is a trademark of
AV Akademikerverlag GmbH & Co. KG
Heinrich-Böcking-Str. 6-8, 66121 Saarbrücken, Deutschland / Germany
Email: info@bloggingbooks.de

Herstellung: siehe letzte Seite /
Printed at: see last page
ISBN: 978-3-8417-7116-2

INHALTSVERZEICHNIS

VORWORT

Projektmanager und Unternehmensberater stehen stets vor der Herausforderung, Veränderungen herbeizuführen. Ob es sich nun um eine neue Strategie im IT-Bereich, die Erstellung eines komplexen Systems oder Anpassung der Projektorganisation handelt, es geht grundsätzlich um Neues, bisher nicht Gewesenes.

Veränderungen gekonnt herbeizuführen ist eine Kunst. Es gibt dafür kein „Schema F" mit Erfolgsgarantie. In dieser Unsicherheit, in diesem Nervenkitzel steckt der Reiz der Herausforderung, die garantiert nie langweilig wird.

Denn es menschelt mächtig in der Unternehmenswelt. Trotz aller Versuche, organisatorische Strukturen in klar bestimmte Rahmen zu zwängen und ihnen eindeutige, betriebswirtschaftliche Gesetzmäßigkeiten zu geben, bleibt es weiterhin umstritten, wie eine optimale Unternehmensführung auszusehen hat.

Es ist doch schön, dass Projektmanagement keine Wissenschaft ist. Wäre dies nämlich der Fall, dann könnte jeder Schreibtischtäter seine Projekte mit Papier und Bleistift hundertprozentig in den Griff bekommen.

Doch zum Glück ist ein derartiger Ansatz nicht in Sicht.

Mein Arbeitsumfeld ist und bleibt daher auf lange Sicht spannend. So spannend, dass ich beschloss, meine Beobachtungen mit der breiten Öffentlichkeit zu teilen. So entstand im Jahre 2010 unsere Onlinezeitung - zu Neudeutsch Blog - „ProjectCrunch".

ProjectCrunch stellt eine Sammlung von Eindrücken, Gedanken und Überlegungen dar, die während meiner Projekteinsätze zu verschiedenen Zeitpunkten entstanden sind. Es sind verschiedene Tipps und Tricks, aber auch kritische und nachdenkliche Beiträge, die Erkenntnisse oder Zusammenfassungen von neuen und bekannten Ideen enthalten.

Der in Buchform vorliegende Auszug meiner Beiträge bildet eine Klammer um die Zeit von 2007 bis Frühjahr 2013. Der sich in diesen Jahren deutlich abzeichnender Niedergang der „Prozessverbesserungsindustrie" wird in vielen meiner Texte verarbeitet. Nach dem Hype um CMMI und SPICE machte sich eine große Ernüchterung breit. Dicke Prozesshandbücher wichen schlankeren Ansätzen.

Diese „agile Entwicklung“ hat jedoch auch ihre Schattenseiten, die nicht unerwähnt bleiben dürfen. Das Spannungsfeld zwischen Prozessen, Projekten und agilen Ansätzen wird im Themenabschnitt „Prozesse und Agilität“ behandelt.

Im Themenbereich „Qualitätssicherung“ geht es hauptsächlich um die Qualität von Managementsystemen, speziell in Software-entwickelnden Organisationen.

Im Abschnitt „Management und Führung“ werden allgemeine Themen angesprochen, die in meiner Praxis als Unternehmensberater von Bedeutung sind. Organisationstrukturen, Schnittstellen Line/Projekt und Teambildung bilden hier den Schwerpunkt.

Die Blogbeiträge wurden teils leicht überarbeitet und sind unabhängig vom Zeitpunkt ihrer Entstehung angeordnet, um einen logischeren Lesefluss zu erleichtern.

Ich hoffe, dass geneigte Leser viele wertvolle Anregungen für ihre tägliche berufliche Praxis finden.

Wir sehen uns dann online, auf den Seiten von ProjectCruch.de.

Viel Spaß bei der Lektüre!

Roman Mildner

PROZESSE UND AGILITÄT

WAS IST EIN "PROZESS"?

Der Prozess-Begriff hat eine ähnliche Tiefe und Unschärfe wie z.B. der Begriff eines „Objekts". Die Norm ISO 9000:2000 definiert den Prozess als „Satz von in Wechselbeziehung oder Wechselwirkung stehenden Tätigkeiten, der Eingaben in Ergebnisse umwandelt". Das hört sich aber immer noch unscharf an: was ist eine „Wechselbeziehung" oder „Wechselwirkung"? Warum soll man sich überhaupt mit einem „Prozess" beschäftigen? Betrifft das Ihr Projekt?

Vorsicht ist durchaus geboten. Zahlreiche Versuche, Prozesse in einem Projekt zu standardisieren, endeten in dicken Ordnern in verschlossenen Schränken – dies haben viele sicher nicht vergessen. Der Begriff eines „Prozesses" weckt häufig die Befürchtung, dass man sich bald mit übermäßig vielen (scheinbar oder tatsächlich sinnlosen) Formalitäten, komplizierten Abläufen und einem generell unerträglichen Overhead herumärgern muss.

Ein Informatiker mag bei Prozessen an UML-Aktivitätsdiagramme und Objektflüsse denken. Unsere Welt besteht gewissermaßen aus Algorithmen und Datenstrukturen, man muss sie nur modellieren: Algorithmen als Aktivitäten, Ergebnisse und Eingaben als Daten. Die Frage nach dem Sinn eines „Prozesses" ist damit aber immer noch nicht beantwortet.

Mir gefällt eine ganz pragmatische Sicht auf Prozesse. Da wir hier Prozesse im Kontext einer kommerziellen Organisation betrachten, könnte man Prozesse als Teile der Wertschöpfungskette betrachten. Schließlich werden Unternehmen nicht aus purem Spaß gegründet: das Ziel ist es, Geld zu verdienen.

Prozesse wären somit Verkettungen von Zwischenstationen auf dem Weg, der Organisation einen positiven Cash Flow zu ermöglichen. Eine Zwischenstation benötigt Produkte von Vorstufen, um „veredelte" Ergebnisse an weitere Schritte der Wertschöpfungskette reichen zu können. Darüber hinaus ist die sorgfältige Wortwahl wichtig: der von uns selbst soeben verwendeter Begriff „Verkettung" suggeriert, dass ein Prozess einer deterministisch-linearen Abfolge ähnelt. Dies ist aber erfahrungsgemäß nicht immer der Fall, denn Entscheidungen, Parallelitäten und andere Eigenschaften führen zu Verzweigungen.

Ein Definitionsversuch könnte somit wie folgt formuliert werden:

> *Ein Prozess ist ein gerichteter Graph, bestehend aus Aktivitäten, aus Übergängen zwischen den Aktivitäten und aus Arbeitsobjekten. Die Aktivitäten benötigen Arbeitsobjekte, um neue oder wertvollere Arbeitsobjekte zu erzeugen. Ziel eines Prozesses ist ein profitabel verkaufsfähiges Produkt.*

PROZESSE STINKEN!

Standards können in der Softwareentwicklung nützlich sein. Eine „sauber durchdefinierte" Ansammlung von Best Practices (neuerdings auch als „Good Practices" bekannt) ist im Grunde eine feine Sache. Solche Standards bilden aber auch ein mächtiges Werkzeug, das in den Händen eines Unerfahrenen katastrophale Wirkung entfalten kann. Wenn solche Leute Hand anlegen, dann platzt den Entwicklern schnell der Kragen! Dann wird ab sofort alles agil. Oder nicht?

Wo immer man hinschaut, Automotive SPICE, CMMI und Co. scheinen fast einhellig gehasst zu werden. Experten hingegen, die mit diesen Standards Geld verdienen, pflegen diesen Umstand als bloße Widerspenstigkeit oder Mangel an Erfahrung abzutun.

Was ist nun das Problem? Ich wiederhole mich, aber es muss sein: Wir Berater sind SELBST SCHULD. Denn viele von uns haben zu lange die Realität der Standardeinführung in den unendlichen Weiten der Software-Welt ignoriert.

So in etwa sieht der hypothetische Ablauf einer Prozessverbesserung aus:

1. Ein Verbesserungsbedarf wird festgestellt, z. B. möchte das Team professioneller werden, um seine Marktposition auszubauen.
2. Ein renommierter Prozessberater, als Experte z. B. auf dem Gebiet Automotive SPICE verdientermaßen bekannt, wird angeheuert, um dem Team zu helfen.

3. Es wird gemeinsam eine neue, standardkonforme Prozesslandschaft entwickelt, in der sich jeder in einer sinnvollen Rolle wiederfindet und wohldefinierte Qualitätsziele effizient erreicht werden können.
4. Der Berater beendet seinen Einsatz und hinterlässt einen zufriedenen Kunden.
5. Weiter siehe Schritt 1.

Die praktische Erfahrung mit Prozessverbesserungen erwies sich oft genug als eine andere. So der häufige Ablauf:

1. Die Endkunden (z. B. Automobilhersteller) einigen sich auf einen neuen Satz von Regeln („Standards") und zwingen diesen ihren Zulieferern auf.
2. Verzweifelte Projektorganisationen heuern einen Berater an.
3. Der Berater verkauft dem Kunden ein Beratungsprojekt und schickt, statt selbst hinzugehen, junge „High Potentials" ins Projekt. Dem Kunden versichert er, dass er die Arbeit seiner unerfahrenen Jünglinge selbstverständlich überwache, damit alles so gut werde, „als hätte er das selbst gemacht".
4. Die für das Projekt abgestellten Berater haben den neuen Standard auswendig gelernt und legen ihn buchstabengetreu aus.
5. Weitere Akteure, z. B. QA-Mitarbeiter, andere externe Mitarbeiter oder sonstige Profilierungswillige, lernen den Standard auch auswendig und legen ihn ebenfalls orthodox aus.
6. Da Standards meist analytisch (und nicht systemisch) aufgebaut sind, führt das so geführte Prozessverbesserungsprojekt im gesamten Entwicklungsbereich zu einem exponentiellen Kostenanstieg, während das Team, statt sich um die Bedürfnisse des Kunden zu kümmern, erbitterte Grundsatzdiskussionen über eine „Practice XY.47.11" führt.
7. Das wird dem Sponsor des Prozessverbesserungsprojekts zu viel. Die Junior-Berater werden heimgeschickt.
8. Nun werden entweder (a) alle oder zumindest viele der vorgenommenen Anpassungen rückgängig gemacht und die Organisation „hyperagil"; oder (b) Möchtegern-Experten übernehmen die Führung und lähmen die gesamte Organisation, indem sie den Standard als Totschlagargument im Kampf der Egos missbrauchen.

Das STINKT!!! Verwundert es vor diesem Hintergrund, dass „alle" heutzutage „agil" sein wollen?

Wie konnte es dazu kommen?

Dafür gibt es Gründe. Keine guten Gründe, davon aber recht viele.

Zum Beispiel:

Das Geschäftsmodell der Beratungshäuser. Wie (hoffentlich) jeder weiß, ist die auf Neudeutsch gern als „Leverage" bezeichnete Hebelwirkung das A und O eines jeden Geschäftsmanns. Chefs von Beratungsunternehmen sind Geschäftsleute, und Leverage bildet ihre Existenzberechtigung. Diese Hebelwirkung entfaltet sich im Beratungsgeschäft über die Anzahl der eingesetzten, festangestellten Berater. Da diese zwecks Maximierung der Gewinnspanne günstig sein müssen, sind sie oftmals nicht so hoch qualifiziert, wie ihre Chefs dies vorgeben. Sie sind vielleicht erfahren im Consulting-Business, aber oft weniger erfahren in der Materie, in der sie beraten. Fachliche Erfahrung ist Mangelware.

Nochmals und immer wieder: Mangel an erfahrenen Beratern. Es ist ein extrem gefährlicher Irrglaube eines Anfängers, dass das Auswendiglernen aller Details eines Standards genügen würde, um wirksam beraten zu können. Das reicht eben vorn und hinten nicht aus. Standards sind toll, wenn sie ein Experte als Checkliste nutzt, aber sie ersetzen die eigene Erfahrung in keiner Weise. Wenn man nicht jahrelang (noch besser: jahrzehntelang) selbst marktfähige Systeme entwickelt hat, wie soll man dann wirklich in der Lage sein, als Berater Wichtiges von Unwichtigem zu trennen? Es mag sehr seltene Talente geben, die dies von Natur aus vermögen, aber diese Sonderfälle können wir in unserer Betrachtung als statistisch irrelevant vernachlässigen. Und so – anstatt eigene Erfahrungen, gestützt durch Standards als Spickzettel, praxisgerecht umzusetzen – wird vielmehr das auswendig Gelernte wörtlich postuliert und dogmatisch umgesetzt. „Der Standard sieht das so vor." Wenn dieses Killerargument häufig ins Spiel kommt, sollte jeder Kunde hellhörig werden, denn es gibt in diesem Fall Grund zur Annahme, dass das Ergebnis der Beratung der betrieblichen Realität nicht gerecht wird.

Anfälligkeit für Modebegriffe. Was verkauft ein Berater? Sinnige, aber schwer greifbare Eigenschaften wie „Erfahrung", „Expertise" und „Know-how" vermarkten sich schlecht. Es muss schon ein magischer Begriff herhalten, wie „CMMI“, „Scrum“ oder „Reengineering“. Die PR-Industrie dient jedem Teufel, so auch diesem. Wer nun kritiklos auf Modebegriffe à la „Wasserfall“, „V-Model“, „Design Thinking“, „Agility“, „ITIL“, „Cloud Computing“ etc. hereinfällt, der hat sein Scheitern verdient. Diese Begriffe sind teils hohl, teils stehen sie für einen überaus komplexen Sachverhalt, und wenn sie im Gespräch genutzt werden, dann denkt sich oft jeder etwas Anderes dabei. Das kann nur zu desaströsen Missverständnissen führen.

Unerfahrenheit der Kunden in der Beraterauswahl. Den richtigen Berater muss man finden können. „Richtig“ meint eine passende Mischung aus Erfahrung und persönlicher „Chemie“, die einfach stimmen muss. Wer sich von coolen Logos, glänzenden Visitenkarten und Marken blenden lässt, der ist wahrscheinlich schnell geneigt, ein mäßiges Preis-Leistungs-Verhältnis zu akzeptieren. Wenn man selbst nicht über jahrelange Projekterfahrung in seinem Fach verfügt, dann sollte man vielleicht erst einmal einen Berater für die Beratersuche anheuern. Vielleicht wird das im Endeffekt der wichtigste Berater im Projekt gewesen sein. Wem diese „Meta-Beratung“ zu extrem erscheint, dem helfen vielleicht eigene, erfahrene Mitarbeiter bei der Suche nach der richtigen Expertise.

Angst vor der Abhängigkeit von Lieferanten. Ein Großkunde, zum Beispiel ein Automobilhersteller, hat notorisch Angst, von seinen Lieferanten abhängig zu werden. Diese Sorge ist historisch gesehen nicht unbegründet. Bevor der umstrittene VW-Manager Ignazio Lopez die Zuliefererlandschaft umpflügte, litt die europäische Automobilindustrie unter explodierenden Kosten und massiven Qualitätsproblemen. Doch das Gegenteil ist auch nicht unbedingt vorteilhaft: Zulieferer mit Hunderten von Standards zu knechten, bis sie kaum atmen können, zerstört das Vertrauen und öffnet die Hintertür für die unerwünschte Beraterinvasion, die zwangsläufig die aus dem Berater-Geschäftsmodell resultierenden Probleme akut werden lässt.

Die Folgen dieser Umstände sind so dramatisch, dass wir wirklich darüber nachdenken sollten, ob wir mit den Standards richtig umgehen. Standards infrage zu stellen darf kein Tabu mehr sein. Standards können Projekte umbringen. Die Mehrkosten einer Standardeinführung (und nachfolgender Pflege) werden von Endkunden nicht übernommen. Diese leisten sich eine völlige Ignoranz der

Tatsache, dass immer mehr Standards immer mehr Kosten verursachen. Zugleich wird gemunkelt, dass Endkunden selbst den Anforderungen ihrer eigenen Standards nicht genügen. Da könnte was dran sein.

Alles Quatsch?

Die Standards selbst seien gut, nur würden sie häufig falsch verstanden und umgesetzt, lautet der typische Einwand des prozesstreuen Beraterlagers.

Es ist schier überwältigend, wie viel Schindluder mit einer Rückübertragung eines analytischen Prozessmodells in die Synthese einer Prozessdefinition getrieben werden kann. Da werden beispielsweise Referenzprozessmodelle wie Automotive SPICE komplett eins zu eins in der Praxis umgesetzt. Dabei werden alle ENG-Prozesse (zehn Stück) zuzüglich der SUP- und sonstiger MAN-etc.-Prozesse als separate Entitäten ins Leben gerufen. So erhält die betroffene Organisation auf einmal eine hohe, zweistellige Zahl von Prozessen und Prozessverantwortlichen, die sich mit größtenteils redundanten Themen beschäftigen und so zu Reibungen und Ineffizienzen beitragen. Alles unheimlich standardkonform – und kaum zielführend.

Analytische Prozessmodelle sind von Natur aus redundant, und die Erfahrung über die einzelnen Prozessbereiche hinweg muss in hohem Maße gegeben sein. Nur so kann ein Berater helfen, diese Redundanz in den Griff zu bekommen und konsistente, redundanzfreie Projektmanagementsysteme aufzubauen.

Nicht nur Automotive SPICE, sondern auch ITIL, CMMI, ISO 9001, Functional Safety 26262 etc. sind in ähnlicher Weise problematisch.

Liebe Freunde: Standards können Eure Organisation UMBRINGEN.

Was nun? Alle Prozesse sind schlecht? Nichts wie weg damit?

Vorsicht, Falle! Die Unzufriedenheit mit Prozessstandards weckte bereits unverhoffte Begehrlichkeiten. Bereits vor über zehn Jahren haben clevere amerikanische Berater den Braten gerochen und eine Abwendung von den „bürokratischen Prozessen" proklamiert. Da half es nicht zu betonen, dass Standards gut seien und lediglich falsch umgesetzt würden. Die Glaubwürdigkeit der traditionellen Prozessberater war leider bereits selbstverschuldet ruiniert. Auf einmal mussten daher alle „agil" werden.

Doch was bedeutet „agil“? Das Gegenteil des englischen Begriffs „agile“ ist „clumsy“ (dt. „plump“) oder „awkward“ (dt. „scheußlich“). Dies hört sich eher nach dem Versuch, abweichende Ideen abzuwerten, als nach einem konstruktiven Lösungsvorschlag an. Populäre Agilitätsansätze bestärken diesen Eindruck. Nehmen wir z. B. Scrum. Für viele heißt „agil“ heute Scrum. „Scrum“ bedeutet zu Deutsch „Gedränge“. Ich kann mir nicht vorstellen, dass dies eine sinnvolle Zielvorstellung für einen erfolgreichen Manager verkörpern kann.

Die Scrum-Kritik lässt sich leicht weiter vertiefen. Im Scrum wurde nämlich die Rolle des Projektmanagers abgeschafft. Doch gerade diese Funktion war schon immer für erfolgreiche Projektarbeit wichtig. Sie gerät allerdings in Matrixorganisationen unglücklicherweise oft unter die Räder, weil sie nun einmal produktorientiert und nicht linientreu ist. Diese unselige Tendenz darf sich keinesfalls fortsetzen. Aus meiner Sicht muss die Rolle des Projektmanagers unbedingt gekräftigt werden. Dafür gibt es zu viele gute Gründe, um sie hier alle aufzulisten. Nun ist also in Scrum der Projektmanager weg; und was machen unsere agilen Freunde? Sie führen die Rolle des „Scrum Masters“ ein, eine typische Beraterrolle, die kaum intern besetzt werden kann. Scrum wurde offensichtlich zu dem Zweck entwickelt, als gut geölte Vertriebsmaschine für die Beschaffung von Berateraufträgen zu fungieren. Toll!

Die praktische Umsetzung der Agilität ist daher häufig selbst „clumsy“ und „awkward“. Denn auch im agilen Projekt muss ein Berater mindestens genauso viel fachliche Erfahrung mitbringen wie in einem sinnvollen Prozessverbesserungsprojekt. Ist das nicht der Fall, dann werden unter dem Vorwand der „Agilität“ Chaos, Aktionismus, schlechte Organisation und willkürlich bewegliche Ziele verkauft.

Das geht so nicht, meine Lieben. Extreme Ansichten können erfrischend wirken, auf Dauer lenken sie nur vom Ziel ab. Das können wir – die Softwareexperten – mit Sicherheit besser.

Erstens brauchen wir „schlanke“ Projektorganisationen und nicht bloße „Prozesskonformität“ oder willkürlich simplifizierte „Agilität“.

Zweitens geht es darum, als Projektmanager seine Erfahrung weiterzugeben. Es lässt sich nicht überzeugend leugnen, dass eigene Projekterfahrung nicht durch Lernfleiß zu ersetzen ist.

Drittens, ob man nun unter der agilen oder sonstiger Überschrift arbeitet, ändert nichts an der eigentlichen Aufgabe, ein ordentliches Projektmanagementsystem aufzusetzen.

Viertens sind die Entwicklungsabläufe mundgerecht zu gestalten, und das ist nur möglich, wenn man realistisch berät und die Projektorganisation fallspezifisch aufbaut. Projektmanagementsysteme von der Stange sind nämlich ähnlich unsinnig wie eine Zahnfüllung aus dem Versandkatalog.

Fünftens: Nein, Prozesse stinken nicht. Agilität stinkt auch nicht. Realitätsfremde Umsetzung, Mangel an Offenheit und blinde Trendgläubigkeit dagegen schon.

Und nu? Alles Unsinn? Nein, aber einfach auf Teufel komm raus „agil" zu sein stellt auch keine Lösung dar. Denkverbote in irgendeiner Art (Aufteilung in „gute" und „böse" Ideen) ebenso wenig. Eine sklavische, buchstabengetreue Umsetzung von Buch X oder Standard Y ist keine Lösung. Nichts zu tun aber auch nicht.

Und worin liegt denn nun die Lösung? Die Lösungsfindung beginnt bei der Erkenntnis, dass ein Entwicklungsprozess seinem Umfeld gerecht werden muss. Dieses Projektumfeld wird bestimmt von Schlüsselfaktoren wie verfügbaren Ressourcen, der Phase im Produkt-Lebenszyklus und damit verbundenen Marktanforderungen. Auf der anderen Seite ist es wichtig, den Prozess möglichst schlank zu halten, damit er nicht zu viel „Fett" ansetzt. Ein guter Entwicklungsprozess muss gewissermaßen die richtige „DNA" aufweisen, damit die daraus resultierende Kreatur – also das Projekt – überlebensfähig ist.

WIE MAN MIT STANDARDS PROJEKTE RUINIEREN KANN

Standards sind für Systementwickler gut, sinnvoll und vernünftig. Doch häufig stellen sie nicht die Lösung, sondern das eigentliche Problem dar.

CMMI, SPICE, ISO 900X, ITIL, ISO 26262 – das sind die Hypes der vergangenen zehn Jahre. Die Softwarekrise zu bewältigen, die Qualität zu sichern, einfach besser zu werden – so lauten die Versprechen dieser Standards. Ohne Standards herrschten Chaos und Zähneknirschen, möchte man meinen. In jedem mir bekannten (und vermutlich in den meisten mir noch nicht bekannten) Unternehmen, die sich mit der Entwicklung von Software und

Elektroniksystemen beschäftigen, wird die Umsetzung mehrerer dieser Standards vorangetrieben.

Doch diese Schönwettermeldung trügt. Natürlich ergeben Standards Sinn, wenn sie als eine Richtschnur betrachtet werden. Fakt ist jedoch, dass ihre Umsetzung überdurchschnittlich häufig fehlschlägt. Die Gründe sind vielfältig, aber letztendlich scheitert eine Standardumsetzung fast immer am Faktor Mensch.

Denn Standards sind wie ein Skalpell: In der Hand eines erfahrenen Chirurgen können sie Wunder bewirken, in der Hand eines Psychopathen können sie Angst und Schrecken verbreiten. Ich tippe, dass es in dieser Welt wesentlich mehr Psychopathen als Chirurgen gibt; und sogar wenn dies nicht der Fall ist, kann ein einziger Psychopath den Ruf aller Skalpellhersteller arg ruinieren.

Also machen sich die Verantwortlichen auf den Weg, um diese Standards umzusetzen. Das ist im Grunde eine gute Nachricht, denn niemand möchte in ein Flugzeug einsteigen, das aus einer chaotischen Projektarbeit hervorgegangen ist.

Doch nun setzt das Tagesgeschäft ein: Die Zeit drängt, Experten für die Standards fehlen, und die Entwickler wehren sich gegen die durch solche Standards häufig wuchernde Bürokratie. Die typischen „Anti-Muster" der Standardumsetzung setzen ein:

- Die eingeplante Zeit für die Umstellung ist unrealistisch kurz.
- Das Budget für die Umstellung ist unrealistisch niedrig.
- Die Erwartungen an die Ergebnisse sind unrealistisch hoch.
- Der Mehraufwand für Projektmitarbeiter, die an der Standardumsetzung beteiligt sind, wird unterschätzt.
- Die Standardumsetzung wird von jungen Beratern betrieben (ohne eigene Projekterfahrung).

Die Vorstellung, dass sich die Mitarbeiter auf neue Standards freuen und kräftig mit anpacken, ist nicht realistisch. Niemand sitzt da und wartet darauf, neue Entwicklungsabläufe auszuprobieren und zu dokumentieren. Diese Zeit ist einfach nicht da.

Die sogenannte Prozessoptimierung, betrieben unter solchen Vorzeichen, bringt Projekte um. Diese werden regelrecht ruiniert, wenn Standardumsetzung derart stattfindet. Das Ergebnis sieht in der Regel so aus, dass die neuen

Arbeitsanweisungen im Regal verstauben, die Standards gar nicht mehr laut erwähnt werden dürfen und man sich mit dem Kunden mehr oder weniger stillschweigend auf eine „Hoffentlich geht es gut"-Vorgehensweise geeinigt hat.

Die Lösung? Sie besteht darin, dass das alles einfacher werden muss. Das bedeutet nicht, dass alle Projekte nun rein agil werden müssten. Allein mit Stand-ups und Burn-downs kann man ein großes Projekt nicht stemmen. Das ist in Branchen, in denen Systemfehler Menschenleben aufs Spiel setzen, einfach zu riskant. Die Lösung steckt in der Umsetzung des Gedankenguts, das in Standards und in der Expertenerfahrung steckt. Meiner Erfahrung nach müssen aber Standards überhaupt nicht wörtlich umgesetzt werden. Noch nicht einmal alle Prozesse müssen implementiert werden. Hier mein Ansatz für eine gelungene Standardeinführung:

- Erfahrung, Erfahrung und nochmals Erfahrung. Für die Standardumsetzung müssen Experten mit Erste-Hand-Projekterfahrung her.
- Eine minimale Teilmenge aus den Standards festlegen. Unter anderem Konfigurationsmanagement, Projektplanung, gute Design-Praktiken (wie Expertenreviews) und Qualitätssicherung (insbesondere Tests auf allen Ebenen) sind unabdingbar. „Prozesse" wie „Risikomanagement" als separate Entitäten aufzusetzen ist in der Regel überflüssig.
- Standards sowohl für Assessoren als auch für Entwickler umsetzen, aber so, dass sie sich nicht gegenseitig in die Quere kommen.
- Ergebnisse, Vorlagen und Tools in den Vordergrund stellen. Abläufe schwach gewichten.
- Auf Experten im Projekt setzen.

Der letzte Punkt ist entscheidend. Es gibt Organisationen, in denen viel Infanterie eingesetzt wird. Dort sind individuelle Skills nicht wichtig, die Befehlskette und die Abläufe sind entscheidend. Andere verfolgen eher das Ziel, SWAT-Teams auszubilden. Die Projektteams sind kleiner, denn sie bestehen aus hochproduktiven, hochmotivierten und auch hochbezahlten Experten. In solchen Teams können Standards richtig Spaß machen, wenn sie richtig angepackt werden.

Nun stellt sich natürlich die rhetorische Frage, ob so viele gute Experten auf dem Markt sind, dass man mit ihnen ein Projekt staffen kann?

Nein, es sind nicht genügend Experten da. Ich habe aber nicht versprochen, dass der pragmatische Ansatz einfach wird. Ich sehe jedoch immer wieder, dass speziell bei neuartigen Produktentwicklungen nur dann Erfolg erwartet werden kann, wenn man bestmögliche Leute anwirbt. Es ist nicht einfach. Ich bin jedoch inzwischen absolut sicher, dass dies der beste Weg ist: minimalistische Prozesse in Expertenteams sind ein Ansatz, der unglaublich agile „T-Rex"-Organisationen erzeugt. Unternehmen wie Google zeigen diesen Weg auf. Google heuert sehr gut bezahlte, hochkarätige Experten an. Zugleich genießen diese Experten viel Freiraum, zu Deutsch: minimalistische Prozesse.

Und eine Profitabilität wie Google – die möchte ja jeder haben.

VIRALE MIKROPROZESSE – MIKROMANAGEMENT IM NEUEN GEWAND

„Herr Berater, das ist doch ganz einfach: Schreiben Sie auf, wie Sie in der Use Case Spezifikation vorgehen wollen, Schritt für Schritt. Das kann doch nicht so schwer sein – Sie haben ein Konzept doch sicher in der Schublade?" Schließlich ist der Kunde König. Der brave Berater zögert keine Sekunde lang. „Ja, das Dokument haben Sie morgen auf dem Schreibtisch".

Die darauf folgende Nacht ist lang. Immer wieder fragt sich der Berater, wie er eigentlich den Prozess des Verstehens und des Nachdenkens in eine lineare Zehnpunkteliste transformieren soll. Spätestens beim Morgengrauen, nach etlichen Entwürfen und Verzweiflungsanfällen, kommt er zu der Überzeugung, dass man das Nachdenken nicht definieren kann. Die fachliche Domäne muss verstanden und präzise in eine Sprache übertragen werden, die sowohl vom Business wie von der IT verstanden wird. Er setzt sich hin und schreibt in etwa Folgend

- Alle Stakeholder befragen
- Ergebnisse nach funktionalen und nichtfunktionalen Anforderungen sortieren
- Anforderungen mit Kunden und der IT durchgehen, Verständnis sichern und Akzeptanzbestätigung festhalten
- Use Cases schreiben, reviewen und an die IT weitergeben

- Umsetzung überwachen

Der Kunde ist unzufrieden. „Was soll ich mit solchen Trivialitäten? Das ist mir alles viel zu allgemein – Sie werden doch genau wissen, wie Sie bei der Use Case Spezifikation vorgehen." Es folgt nun eine vermutlich aus einem klassischen Use Case Fachbuch stammende Ausführung, dass Use Case-Analyse ein kreativer Prozess sein muss, eine umfangreiche Abstimmung und Klassifizierung aller Use Cases nötig sei usw. Im Wesentlichen entspricht die Schilderung dem Inhalt der vom Berater vorgelegten Liste. „Das weiß ich also alles schon, Sie brauchen mich nicht aufzuklären", meint der Kunde, „aber als Prozessspezialist liefern Sie mir bitte einen detaillierten Prozess für die Use Case-Analyse. In zehn simplen Schritten. Und denken Sie an die Metadaten!". Ein vorsichtiger Verweis des Beraters auf gute Fachliteratur hilft nichts. „Ich will ja keine Bücher lesen, dafür habe ich Sie. Zehn Schritte mit Metadaten bitte, bis morgen früh", beendet der Kunde das Gespräch selbstbewusst.

„Metadaten? Wie konnte ich nur die Metadaten vergessen?", denkt der Berater. Aber: Moment mal: Welche Metadaten sind nun eigentlich gemeint? Es folgt eine weitere schlaflose Nacht. Am nächsten Morgen steht fest: komplexe Denkprozesse lassen sich nicht in „simplen Schritten" beschreiben. Auch nicht mit "Metadaten". Vermutlich hat der Kunde in einer Online-Zeitung etwas über Metadaten etwa in der Content-Verwaltung gelesen und dies einfach unüberlegt weitergegeben. Die Zeit ist reif für eine Entscheidung: Wie bringe ich das dem Kunden bei?

Diese Ereignisse sind dem täglichen Projektleben entnommen, sie sind keine Fiktion. Informatik hat das Problem, dass jeder Excel-User das Gefühl hat, bei dieser Disziplin qualifiziert mitreden zu können. Einem Ingenieur wird kaum ein Kunde die Aufgabe stellen „Formulieren Sie mir bitte in 10 Punkten, wie Sie das Design der neuen Platine oder der neuen Brücke erarbeiten". Warum? Weil die Erkenntnis tief sitzt, dass man vom Brückenbau oder Layout keine Ahnung hat, man überlässt den Job also lieber dem Experten. In IT-Projekten wird häufig ein Mikromanagement betrieben, das zu derart detaillierten Rückfragen wie soeben geschildert führt. Unser Berater hat es nicht geschafft, einen Mikroprozess des Nachdenkens zu „generieren", denn Nachdenken ist kein linearer, simpler Prozess.

Die Anforderungsanalyse dient lediglich als ein Beispiel. Kein Prozessbereich ist davor sicher, auf der mikroskopischen Ebene definiert zu werden. Der Prozess der Anforderungsentwicklung ist mitunter besonders für Simplifizierungen anfällig, weil er für Außenstehende schwer zu erfassen ist. Aber auch Bereiche wie Softwaredesign oder Implementierungsarbeiten sind potentielle Opfer dieser Vorgehensweise.

Unser Berater hätte eine Liste entwerfen können, die vollgepackt mit Fachbegriffen (Metadaten, Traceability, Reuse etc. müssten in jedem Fall mehrfach erwähnt werden) richtig "professionell" erscheinen würde. Eine so fachlich geladene Liste würde vermutlich ungeprüft abgenommen werden. Dies ist im Tagesgeschäft nicht selten der Fall. Diese Liste würde automatisch für alle Mitarbeiter verbindlich, mit schweren Folgen. Zum Beispiel: Wie soll der Prozessschritt „Metadaten erfassen, analysieren und klassifizieren", wie er womöglich in einer solchen „Checkliste" steht, verstanden werden? Das Ergebnis: Die Anforderungsanalyse wird durch Missverständnisse, zu viele Regeln und willkürliche Prüfung der Prozesskonformität erstickt. Es sind „**Virale Mikroprozesse**": Sie sind kaum sichtbar, zersetzen aber den Gesamtprozess in nicht funktionsfähige Arbeitsvorschriften. Sie sind ansteckend: Wurde ein Mikroprozess definiert, wird dies für die benachbarten Bereiche möglicherweise zum Vorbild. Schlimmstenfalls werden darüber Statistiken geführt, die aufzeichnen, in welchen Bereichen Detailvorgaben vorhanden sind, und diese dem Senior Management vorgelegt. Die Folgen sind leicht absehbar. Virale Mikroprozesse führen zur Lähmung der Gesamtorganisation, denn sie sind genau das, was ein Prozessdesigner auf keinen Fall möchte: Denkvorschriften. Dabei gilt die Faustregel: Je anspruchsvoller der Prozessbereich, umso gefährlicher sind virale Mikroprozesse für die Prozesslandschaft und letztendlich den gesamten Projekterfolg.

Was kann man gegen virale Prozesse tun?

- Es ist besser, im Zweifel lieber etwas ungenau als zu genau zu sein. Wenn im Projekt Experten am Werk sind, müssen sie nicht wie Kinder an die Hand genommen werden. Experten liefern nur dann schlecht, wenn sie nicht die richtigen Vorgaben haben. Virale Prozesse können die Lage nur verschlimmern.

- Der CMMI-Grundgedanken ist zu verinnerlichen. CMMI erscheint zwar recht komplex, denn es formuliert zu jedem Prozess eine Reihe von Praktiken. Im Grunde werden jedoch bei jeder Aufgabe – ob es sich um Projektplanung, Anforderungsmanagement oder Lieferantenmanagement handelt – folgende Grundregeln („Common Features“) vorgegeben:
    - Absichtserklärung formulieren: Wollen wir es tun?
    - Fähigkeit hinterfragen: Können wir es tun?
    - Tatsächliche Durchführung überwachen: Tun wir es nun endlich?
    - Ergebnis prüfen: Sind wir fertig? Haben wir was wir haben wollten? Falls nicht: Warum nicht? Und: Was können wir noch verbessern?
- Die Diskussionen über die Vorgehensweise sollten nicht demokratisch geführt werden. Wenn die Verantwortlichen nicht von vornherein wissen, wie ein systematisches Vorgehen herbeizuführen ist, dann wird jede Diskussion auf der politischen, unproduktiven Ebene geführt. Holen Sie einen Berater hinzu.

Denken ist undefinierbar. Mit dieser Wahrheit müssen wir leben. Simple, klare Vorgaben und ein gesunder Menschenverstand sind eine Mindestanforderung an jeden Manager und jede Managerin. Sie lassen sich nicht durch eine Checkliste ersetzen.

DER COMMON-SENSE-PROZESS

Traditionelle Prozesse mit ihrer vollständigen Rollen-, Ergebnis- und Tätigkeitsbeschreibung geraten vielerorts in Verruf, zu bürokratisch, schwerfällig und unflexibel zu sein. Agilen Methoden hingegen hängt der Makel mangelnder Systematik und hohen Chaosanteils an. Doch beide Ansätze bieten auch Vorteile, und sie lassen sich sogar optimal integrieren. Im Ergebnis steht die bestmögliche Lösung: der „Common Sense“-Prozess.

Für die Schwergewichte unter den Prozessen, die vollständig ausformulierten und lückenlos qualitätsgesicherten Modelle, sprechen gute Argumente. Eine Verfahrensdefinition, die eine hohe, durch Industriestandards gesicherte Reife aufweist, ist häufig aufgrund vertraglicher Gestaltung zwischen Kunde und Lieferant unerlässlich. Automobilhersteller etwa erwarten von ihren Zulieferern eine gewisse CMMI bzw. Automotive SPICE -Reifestufe. Darüber hinaus wird für Produzenten sicherheitskritischer Systeme eine lückenlos überprüfbare, stets reproduzierbare Arbeitsweise in Entwicklungsprojekten gesetzlich sanktioniert. Generell bringen qualitätsgesicherte Standardprozesse mehr Sicherheit in die Planung und Finanzierung von Projekten.

Zugleich gewinnen leichtere Methodiken wie Extreme Programming (XP) oder Scrum, die unter dem Begriff „agil" zusammengefasst werden, seit einigen Jahren immer mehr Anhänger. Sie versprechen kürzere Reaktionszeiten, höhere Flexibilität, weniger Verwaltungsüberbau und eine bessere Zusammenarbeit zwischen Entwicklern und Kunden.

In vielen Entwicklungsteams sind daher Diskussionen über den Entwicklungsprozess aufgeflammt. Nicht nur in Kaffeeküchen, sondern in Prozessverbesserungsprojekten, auf Managementebenen und in QA-Abteilungen kommt es häufig zu lebhaften Streitgesprächen: Sind „schwere" Prozesse nun eher Dinosaurier oder vielmehr wesentliche Fundamente des Unternehmenserfolgs? Sollte man lieber auf agile Verfahren umsteigen? Ist das überhaupt möglich? Schließlich sind viele Unternehmen nach SPICE oder ISO 9001 zertifiziert und fürchten den folgenschweren Verlust ihrer Zertifikate.

Aus Sicht eines Prozessberaters müssen sich die beiden Optionen nicht ausschließen. Ganz im Gegenteil: Da es sich um Verfahren mit gleicher Zielsetzung handelt, sind sie zumindest prinzipiell miteinander kombinierbar. So kann eine pragmatische Sowohl-als-auch-Lösung das Entweder-oder-Dilemma überwinden.

Doch wie kann das gehen? Die unterschiedliche Fokussierung der beiden Konzepte legt eine Verschachtelung nahe. Ein CMMI-Level-3-Prozess deckt den kompletten Entwicklungsstrang ab, inklusive Analyse, Implementierung und Qualitätssicherung. Zusätzlich wird von einem solchen Prozess erwartet, dass er Aufgaben aus organisatorischen, verwaltungstechnischen und prozessunterstützenden Bereichen regelt, etwa Projekt- und Konfigurationsmanagement, organisatorische Policies, Prozessverbesserungsmaßnahmen, Mitarbeiterschulung etc. Die meisten dieser Aufgaben sind für agile Methodiken in der Regel zu weit von der eigentlichen Entwicklung entfernt und daher unsichtbar oder als nicht wesentlich angesehen.

Die agil-traditionelle Prozessintegration lässt sich am besten an der Schnittstelle zwischen Entwicklung und den übergeordneten und unterstützenden Prozessen realisieren. Wenn wir uns vorstellen, dass damit Teile des „V-Modells", des Kernstücks der meisten traditionellen Prozessmodelle, durch die agile Kette der Backlog/Sprint-Aktivitäten (Scrum) ersetzt werden, entsteht ein logisches Hybridmodell, das man symbolisch wie folgt darstellen kann:

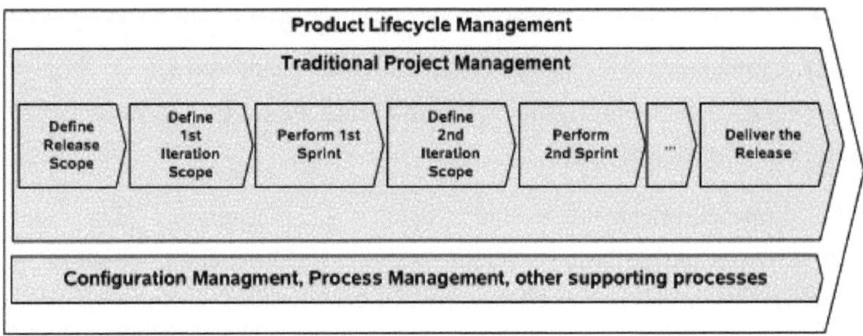

Prozesslandschaft mit einer agilen Kernkomponente

Die dahinterstehende Idee ist einfach: Aus einem vollumfänglichen Anforderungsmanagementprozess, in der obigen Abbildung symbolisch als „Define Release Scope" dargestellt, erhält man eine Release-Spezifikation. Diese wird, in Scrum-Terminologie als Backlog bezeichnet, in den Scrum-Strang „geschoben". Natürlich läuft dies im Detail komplexer ab, es entspricht aber dem weitverbreiteten, iterativen Entwicklungsparadigma und harmonisiert daher gut mit dem V-Modell. Auf der Grundlage des Backlogs werden Sprints durchgeführt, die kurzfristig lauffähige Builds mit inkrementell wachsender Funktionalität herausbringen. Ist der Backlog, nach all seinen Aktualisierungen, nominell abgearbeitet, erfolgt die finale Qualitätssicherung und Auslieferung („Deliver the Release").

Damit das Ganze Hand und Fuß hat, müssen natürlich noch verschiedene Fragen beantwortet werden: Wie verträgt sich die agile Selbstorganisation des Entwicklerteams mit den strengen Vorschriften der CMMI- (oder SPICE) Standards? Wie sollen die Rollen definiert werden, wenn z.B. ein Projektmanager in bestimmten agilen Methodiken gar nicht vorgesehen ist? Wie kann gesichert werden, dass der Prozess wiederholbar und sauber dokumentiert ist? Wie kann man den Prozess an verschiedene Projektarten mit wenig Aufwand anpassen (Tailoring)? Wie gut lässt sich der Prozess angesichts der agilen Liefervorschrift (lauffähige Builds in kurzen Zeitabständen) skalieren? Diese und weitere Fragen können von einem erfahrenen Prozessmanager im Detail ausgearbeitet werden.

Natürlich hat die Sache einen Haken: Der Prozessmanager (Linienrolle, es kann auch ein Prozessteam oder eine Aufgabe des Project Management Office sein) muss sowohl über umfangreiche Kenntnisse aller entwicklungsrelevanten Organisationsaspekte verfügen als auch über ein tiefgreifendes technisches Verständnis und fundiertes Wissen über agile Verfahren. Es muss eine Person – oder ein dediziertes Team, was aber wegen des Abstimmungsaufwands schwieriger wird – sein, die sowohl mit CEO als auch mit dem technischen Entwicklerteam reden kann. Mangelnde Kenntnisse in einem dieser Bereiche können zu einem ineffizienten Prozessdesign führen. Als Schnittstelle zwischen dem traditionellen Prozessrahmen und dem dynamischen (agilen) Entwicklungskern ist diese besondere Qualifikation unabdingbar. Doch wie viele „Superexperten“, also Spezialisten mit umfangreicher, glaubwürdiger Entwicklererfahrung und zugleich fundiertem Managementwissen, sind landesweit verfügbar?

Abgesehen von diesem Qualifikationsproblem stellt die Hybridlösung für Prozessverbesserungsvorhaben eine sehr interessante progressive Variante dar. Deshalb wird dieses Modell in unserer Beraterpraxis zunehmend nachgefragt. Die Aufhebung des scheinbaren Widerspruchs „agil oder traditionell“ bildet einen besonders attraktiven Aspekt. Statt eines entweder agilen oder „Heavy Weight“-Modells erhält man einen Common-Sense-Prozess. Er enthält sowohl den kompletten traditionellen Prozessrahmen als auch die entwicklerzentrische, dynamische, agile Komponente. Durch eine geschickte Gestaltung des Prozesses wird die Kreativität der Mitarbeiter im Entwicklungsteam nicht durch übermäßige Bürokratie gebremst, zugleich ist die Prozessqualität gesichert.

Zu schön, um wahr zu sein? In unserer Beraterpraxis haben sich agile Elemente gut bewährt. Agilität ist nicht bloß ein Hype. Man könnte den Trend als Reaktion auf die mancherorts übermäßig bürokratisierte Prozessgestaltung ansehen. In der Vergangenheit zeigte sich, dass vielen Modeerscheinungen häufig wichtige Erkenntnisse zugrunde liegen. Eine pragmatische und systematische Integration dieser Erkenntnisse in die Betriebsabläufe (z. B. Entwicklungsprozesse) ist mit dem Gebot einer kontinuierlichen Prozessverbesserung nicht nur bestens vereinbar, sondern stellt seine logische Konsequenz dar.

EVOLUTION STATT REVOLUTION

Der Formalisierungsgrad der Entwicklungsprozesse bildet seit Jahrzehnten einen Zankapfel in der Softwareindustrie. Wie viel Prozess braucht ein Softwareprojekt? Es zeigt sich, dass der optimale Formalisierungsgrad keine Konstante sein darf. In frühen Produktreleases ist ein eher agiler, in späteren Phasen ein eher formeller Prozess sinnvoll. Ein Entwicklungsprozess muss mit seinem Ergebnis wachsen.

Der Streit um das Dilemma der Formalisierung des Entwicklungsprozesses kommt in die Jahre. Seit gut einer Dekade hauen und stechen Anhänger der agilen Methoden und die CMMI/SPICE-Fraktion aufeinander ein. Mit dem Agilen Manifest haben US-Berater Kent Beck und seine Kollegen im Jahr 2001 absichtlich den Stein des Anstoßes gelegt. Das Beratungsgeschäft lebt – oft sehr zum Leidwesen der Kunden und ihrer seriösen Berater – wie andere Industriezweige von Trends und Modeerscheinungen. Diese werden werbewirksam promotet. Ähnlich wie die CMMI-Experten von SEI mit ihren Case Studies haben agile Berater die Werbetrommel gerührt und fleißig berichtet, dass der Einsatz von Scrum & Co. einfach, kostensparend und erfolgreich sei.

Nach Jahren heftiger Auseinandersetzungen erreicht die Diskussion allmählich ruhigere Gewässer: Die vergangene Krise hat den Druck auf alle Beteiligten erhöht, endlich pragmatische Lösungen zu präsentieren. Die Zeit für konstruktive Schlussfolgerungen ist gekommen.

CMMI- und SPICE-Berater sind an ihrer Misere selber schuld

Es lässt sich kaum bestreiten, dass die CMMI/SPICE-basierte Prozessverbesserung stark an Popularität eingebüßt hat. Vieles wurde versprochen, wenig davon gehalten. Deutlich wird das, wenn man sich die alten SEI-Präsentationen zum Thema CMMI anschaut. So wird in den Management Summaries General Motors als erfolgreicher „Early Adopter“ von CMMI vorgestellt. Nach Angaben des Instituts sollen sich Qualität und Effizienz der Entwicklungsprozesse durch den Einsatz des CMMI-Standards erheblich verbessert haben. Angesichts der dramatischen Insolvenz des Automobilherstellers wirkt die Darstellung heute unglaubwürdig. Da General Motors nicht das einzige Unternehmen ist, das in der Finanzkrise trotz Prozessverbesserungsmaßnahmen in teils erhebliche Schwierigkeiten geriet, verloren Prozessberater eines der wichtigsten Verkaufsargumente für den Einsatz der CMMI/SPICE-Standards: prestigeträchtige Referenzbeispiele.

„That's the end of it"

Stattdessen sind zunehmend agile Prinzipien gefragt. Statt einer durchgängigen Prozessgestaltung wird eine einfache, auf wenigen Kernideen basierende Vorgehensweise bevorzugt. Dieser Meinungsumschwung ist nicht allein mit Spätfolgen der Finanzkrise zu erklären. Vielmehr haben CMMI/SPICE-Prozessberater den Niedergang ihres Geschäftsmodells zumindest teilweise selbst zu verantworten. Als ich Tom DeMarco auf den SPICE Days 2010 fragte, wie er die Zukunft von CMMI sieht, meinte er ohne zu zögern: „That's the end of it." Grund dafür sei unter anderem, dass Prozessberater mit einer teils unerträglichen Arroganz agierten, die irgendwann zu einer flächendeckenden Verdrossenheit geführt haben müsse. Diesen Eindruck haben die Teilnehmer der Podiumsdiskussion, an der neben Tom DeMarco auch der C++-Erfinder Bjarne Stroustrup teilnahm, klar artikuliert.

In diesem Vorwurf steckt viel Wahres drin. Trotz ihres oft überlegenen Fachwissens und langer Berufserfahrung verfügen Berater über unterschiedlich ausgeprägte Kompetenzen. Zugleich wird von ihnen erwartet, dass sie als Veränderungsagenten in einer Organisation souverän Stellung beziehen und diese auch standhaft verteidigen. Dies geht nun einmal nicht immer gut, und jedes Scheitern richtet einen gern weitererzählten Schaden an.

Das Kompetenzdilemma ist heikel. Ein kurzer Blick auf den Beratermarkt verdeutlicht den Umstand, dass nur wenige Berater in allen Prozessbereichen – von Qualitätssicherung bis Projektmanagement, von Konfigurationsmanagement bis Softwarearchitektur – wirklich aus eigener, praktischer Erfahrung berichten können. Es gibt in Deutschland gerade eine Handvoll solcher Experten. Zugleich leben Beratungsfirmen von einem personellen Skalierungseffekt: Sie benötigen für ihr Wachstum immer mehr Mitarbeiter. Die natürliche Ressourcenknappheit muss zwangsläufig zu Qualitätsengpässen im Beratungstagesgeschäft führen.

Pssst! CMMI lebt!

Es wäre aus meiner Sicht falsch zu behaupten, CMMI (oder SPICE, die europäische Schwester) sei am Ende. CMMI ist eine äußerst nützliche, praktische Ansammlung von Erfahrungen aus der Softwareindustrie, die man zu einer systematischen Bewertung der Qualität von Entwicklungsorganisationen verwenden kann. Der SPICE-Standard geht einen Schritt weiter: Es werden Prozessreferenzmodelle vorgeschlagen, die recht klare Vorgaben für die Gestaltung qualitativ hochwertiger Entwicklungsprozesse liefern.

Diese Standards jedoch als einen Irrweg abzutun ist leichtfertig. Ein Modell wie CMMI zeigt auf, was alles getan werden kann – dies bedeutet aber noch nicht, dass man auch alles umsetzen müsste, was auf dem geduldigen Papier steht. Ein innovatives Projekt mit einem hohen Forschungsanteil muss zwangsläufig andere Regeln befolgen als ein eingefahrenes Infrastrukturprojekt im 17. Release. Im ersten Release – womöglich einem internen Alpha-Release – ist die Produktqualität oft zweitrangig. Dagegen bildet für „reife" Projekte die Qualität das A und O – und sie lässt sich am besten mit einem fundierten Entwicklungsprozess sichern. CMMI (oder SPICE) ist für die Kontrolle der Prozessqualität in der Softwareentwicklung hervorragend geeignet und wird daher mit Sicherheit ihren Platz in der Softwareindustrie auf Dauer finden.

Nicht weit vom Stamm: Produkte und Projekte

Ein agil entwickeltes Flugsicherungssystem? CMMI Level 5 für Dreierteams? Da kann etwas nicht stimmen. „Wir wollen uns nicht totverwalten" versus „So versinken wir im Chaos" – solche Totschlagargumenten machen ein Gespräch in der firmeneigenen Kaffeeküche zwar unterhaltsam, aber nicht sonderlich produktiv. Dabei steckt darin auch ein Körnchen Wahrheit, aber diese Wahrheit ist definitiv kontextabhängig. Eine vorsichtige Betrachtung fördert nämlich folgende Feststellungen zutage:

- Nicht für alle Projekte eignet sich eine agile Vorgehensweise.
- Nicht alle Projekte müssen auf dem CMMI Level 3 oder höher sein.
- Release 0.1 eines Produkts sollte anders entwickelt werden als das Release 7.5.

Das Gespräch in der Kaffeeküche kann daher nicht ohne Zusammenhang bewertet werden. Auf die Frage: „Kann es überhaupt einen universellen Prozess geben?" lautet die schlichte Antwort: nein.

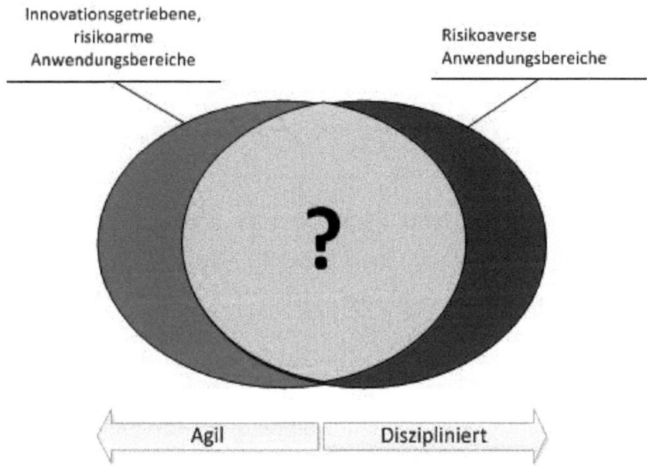

Abbildung 1: Der Übergang von agilen zu formellen Prozessen ist unklar

Die Art des Produkts bestimmt den Formalisierungsgrad seines Entwicklungsprozesses, da jedes Release des Produkts typischerweise ein separates Projekt darstellt. Die Struktur dieser Projekte ist von der Art des zu erstellenden Produkts determiniert.

STRUKTUR(Projekt) = FUNKTION(ART(Produkt))

Die Projektstruktur, insbesondere der Formalisierungsgrad des Entwicklungsprozesses, ist eine Funktion der Produktart im Kontext der erforderlichen Projektaktivitäten.

Es kann demnach keinen singulären Prozess für alle Projekte geben – für jedes zu entwickelnde Produkt ist eine passende Abbildung auf die Projektlandschaft erforderlich.

Wachsen in Schritten

Der Sachverhalt verkompliziert sich zusätzlich durch die Beobachtung, dass Produkte in frühen Versionen anderen Anforderungen genügen müssen als ihre späteren Releases. Deutlich wird dieser Umstand am Beispiel des iPhones. Das allererste Release überzeugte keineswegs mit vollendeter Qualität. Die Kamera lieferte schlechte Bildqualität, die Batterie war kurzlebig, die Verbindungsgeschwindigkeit unzureichend etc. Das hat aber in der Anfangsphase nicht gestört – die „First Movers" liebten die Designidee und kauften das Produkt blind. Doch drei Jahre später: Eine kleine Unzulänglichkeit des Antennendesigns des iPhone 4 produzierte einen Sturm im medialen Wasserglas, und das über Wochen hinweg. Dass der Empfang des neuen iPhones sich unter spezifischen Umständen etwas verschlechterte, war plötzlich zum beinahe skandalösen Qualitätsproblem geworden.

Was war passiert? Über die Jahre ist das Produkt „iPhone" erwachsen geworden. Die Nutzer haben sich an das neue Konzept gewöhnt, und Millionen neuer Kunden erwarben Apples Smartphones. Statt sensationeller Neuerungen erwartet diese Käuferschicht schlicht Stabilität und Zuverlässigkeit.

Um die geforderte Qualität zu erreichen, ist in späteren Produktreleases eine risikoaverse Gestaltung des Herstellungsprozesses erforderlich. Ausgedehnte Tests, proaktive Qualitätskontrolle, und überhaupt: „Trust but verify" (Vertrauen ist gut, Kontrolle ist besser) – das sind die hier gefragten Mittel. Produkte durchleben einen Zyklus, der mit ihrer Neuentwicklung beginnt und in Degeneration endet.

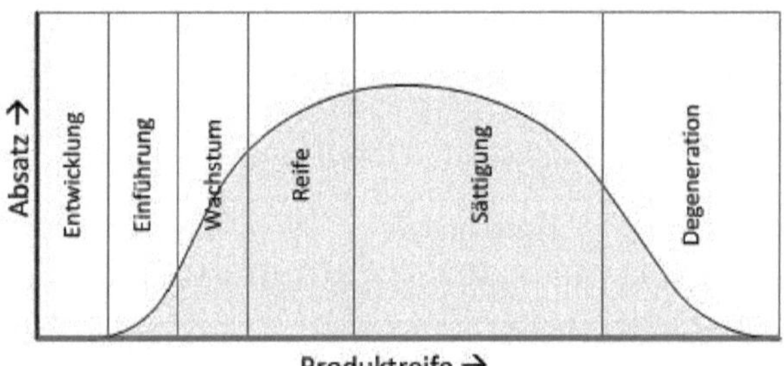

Abbildung 2: Produkt-Lebenszyklus

Vor dem Markteintritt ist bei komplexen IT-Produkten, speziell also bei Software, eine intensive Forschungsphase erforderlich. Das zarte Pflänzchen darf nicht von schweren Prozessen „erschlagen" werden. Bei Prototypen oder gar bei einem ersten Release (gelegentlich einfach nur ein „Versuchsballon") ist eine flexible – wenn man so will: agile – Vorgehensweise praktisch unverzichtbar. Bei späteren Produktreleases sinkt jedoch die Fehlerakzeptanz der Produktabnehmer: Die Risikobereitschaft des Herstellers muss daher entsprechend angepasst werden.

Bürokratische Agilität? Agile Bürokratie?

Die Perzeption des Produkts durch seine Anwender hängt mit seiner jeweiligen Lebensphase zusammen. Neue Produkte werden begeistert aufgenommen, später werden keine Fehler mehr verziehen. Ein erfolgreicher Entwicklungsprozess muss zusätzlich zur Art des zu entwickelnden Produkts auch dessen Reife berücksichtigen. Ähnlich wie das Produkt selbst muss der Entwicklungsprozess eine Evolution durchlaufen: von kreativem Chaos zur stabilen, risikoscheuen Bürokratie. So misstrauisch diese Begriffe stimmen mögen, in der späten Sättigungs- und Degenerationsphase eines Produkts stellt das die bessere Konstruktion dar. Schließlich geht es dann nicht mehr um Eroberung neuer Märkte, sondern vielmehr um den guten Ruf des Herstellers als Lieferanten von Qualitätsprodukten.

Wie soll man aber bei solch widersprüchlichen Anforderungen den Entwicklungsprozess so gestalten, dass er für den gesamten Produktlebenszyklus geeignet ist?

Die Antwort auf diese Frage muss zwangsläufig die zeitliche Komponente berücksichtigen. Eine schriftliche, formalisierte Prozessgestaltung zeichnet sich meist durch eine statische, unbewegliche Natur aus. Die Gratwanderung kann aber nur gelingen, wenn der Prozess mit seinem Produkt „mitwächst“: am Anfang agil, später konservativ. Dies impliziert natürlich wiederum, dass der Prozess intrinsisch flexibel ist. Bürokratische Agilität ist naturgemäß genauso unrealistisch wie eine agile Bürokratie.

Wie lässt sich dieser Widerspruch lösen?

Befürworter der agilen Softwareentwicklung mögen anführen, dass ein agiler Entwicklungsprozess skaliert werden kann und somit die Lösung für das Dilemma darstellt. Wenn jedoch in späteren Produktreleases all die häufig als unangenehm empfundenen Aktivitäten wie Code Reviews oder Systemtests im erforderlichen Umfang in den Projektalltag integriert werden, dann wirkt sich das zwangsläufig bürokratisierend aus. Zum Beispiel ist eine hohe Testabdeckung nur dann zu erreichen, wenn man sie planen kann. Dies wiederum geht nur, wenn eine genaue Spezifikation vorhanden ist, auf die sich die einzelnen Testfälle beziehen können („Traceability“). Das bedeutet eine Wasserfall-artige Vorgehensweise, denn ein „Anforderungs-Reverseengineering“ hat noch nie wirklich gute Ergebnisse erbracht; also müssen die Anforderungen VOR ihrer Umsetzung erfasst werden. Weitere Implikationen umfassen ein lückenloses Design (zur Sicherung von Schnittstellen und nichtfunktionalen Anforderungen), planbare Review-Prozesse, ausgedehntes Konfigurationsmanagement (für die Konsistenz von Dokumenten in verschiedenen Entwicklungsphasen) etc. Somit lässt sich der Prozess nicht mehr als „agil“ bezeichnen.

Wenn jedoch die Anhänger der analytischen Prozessreife nun vermelden sollten, sie hätten das „schon immer gewusst“, so muss nochmals daran erinnert werden, dass ein schwerer Prozess am Anfang eines Produktlebenszyklus nicht angebracht ist. Dem kann entgegengehalten werden, dass ein CMMI-konformer Prozess gar nicht schwer sein MUSS. Standards wie SPICE oder CMMI sehen Maßnahmen vor, die eine sinnvolle und marktgerechte Vorgehensweise bei der Findung der „richtigen“ Anforderungen sichern sollen. Außerdem gelten ab der dritten Reifestufe Regeln, die eine entsprechende Anpassung des Entwicklungsprozesses an Projekttypen erfordern. Doch, wie bereits erwähnt, zeigt sich in der Praxis, dass Prozessberater oft nicht über hinreichend breit gefächerte Kenntnisse aller Entwicklungsdisziplinen verfügen, so dass sie die richtigen „Tailoring Rules“ (Anpassungsregeln) für schriftlich definierte Prozesse nicht effektiv erstellen können. Hinzu kommt der Umstand, dass der Umfang der schriftlichen Prozessdokumentation mit der Zahl dieser Anpassungsregeln wächst, wenn möglicherweise nicht exponentiell, dann doch zumindest stark polynomisch. Man darf zumeist davon ausgehen, dass das Budget für ein Prozessverbesserungsprojekt den Aufwand für die Erstellung und Pflege solcher Anpassungsregeln nicht vorgesehen hat. Im Nachgang gestaltet sich eine Flexibilisierung eines formellen Prozessmodells jedoch teuer und selten erfolgreich.

Hybridprozesse ante portas

In seinem Paper „A View of 20th and 21st Century Software Engineering” aus dem Jahr 2006 sagt die Software-Koryphäe Barry Boehm eine Integration der Vorgehensmodelle voraus: Agile und planbare Ansätze würden verschmelzen. Doch leider fehlt in dieser (übrigens äußerst interessanten, kompakten und empfehlenswerten) Publikation jedweder Hinweis darauf, WIE diese Integration erfolgen kann.

Es wurde sehr viel theoretisiert. Wir brauchen endlich ein Referenzmodell, das nicht nur agile Komponenten toleriert und ein „agiles V-Modell“ zusammenfasst, sondern zudem integrativ, exemplarisch und systemisch verfährt. Ein Beispiel „zum Aufbohren“, das sich leicht verallgemeinern oder anpassen lässt. Innerhalb dieses Beispiels muss der Übergang von einem empirischen (agil) in einen rationalen (CMMI/SPICE) Prozess explizit erfolgen. Der minimale Overhead in der Anfangsphase des Produktlebenszyklus muss kurz und knapp gehalten werden, während die Prozessgestaltung in späteren Produktreleases naturgemäß umfangreicher dokumentiert und schwergewichtiger werden muss.

Eine triviale Lösung steht indes nicht in Aussicht. Zu erwarten, dass man mit irgendeiner einfachen Daumenregel die seit 50 Jahren anschwellende „Softwarekrise“ beseitigen könne, wäre schier naiv. Es muss außerdem endlich klar werden, dass ein Entwicklungsprozess NICHT das oft gehässig verspottete „Write-only-Buch“ sein darf, sondern eine fortschreitende organisatorische Herausforderung darstellt, die man nie endgültig bewältigt. Entwicklung erfolgt durch Menschen und nicht durch Prozesse. Es wird aber eine neue Art von Projektmanagern erforderlich sein, damit die Softwareindustrie die nächste Entwicklungsstufe erreichen kann. Im Projektmanagement müssen erfahrene Softwareingenieure mit fundierten Managementskills Einzug halten, die alle Prozessbereiche aus eigener Praxis kennen und sowohl agil als auch rational denken können.

Die Projektbesetzung ist und bleibt der Schlüssel zum Projekterfolg. Sie wird sich mit der Produktreife laufend verändern müssen, denn ab einer bestimmten Projektgröße wird es nicht möglich sein, vom ersten bis zum letzten Produktrelease dieselben Experten zu beauftragen. Die Bedeutung persönlicher Präferenzen – agil versus diszipliniert – darf nicht unterschätzt werden. Es muss eine stufenweise Projektübergabe von agilen Forschungsteams an durchorganisierte Pflegeteams erfolgen.

Auf zu neuen Ufern

Kenner der Materie, die sich mit dem ewigen Konflikt zwischen Empirismus und Rationalität auseinandergesetzt haben, werden skeptisch bleiben – zu Recht. Die Ansichten stehen sich so diametral gegenüber, dass ein Vorgehen, das alle zufriedenstellt, einer Quadratur des Kreises gleichkommt. Doch die Streiterei zwischen den Verkäufern von Beraterprodukten wie „Agilität“ oder

„Prozessreife" kostet die Wirtschaft astronomische Beträge. Wir sollten Dogmen mit Skepsis betrachten und uns auf der Arbeitsebene verständigen. Eine Vereinbarkeit von Agilität und planbaren Prozessen IST möglich. Der Widerspruch kann durch die evolutionäre Gestaltung des Entwicklungsprozesses aufgelöst werden, bei der das Verhältnis von Agilität und Planbarkeit eine Funktion der Zeit darstellt.

Um dem Kind einen Namen zu geben, haben wir in unserer Beratungspraxis den Kunstbegriff „SlimTrace" erfunden. Es handelt sich um eine Ansammlung von Werkzeugen, welche die geschilderte Prozessgestaltung ermöglichen sollen. Die Idee lautet (wieder einmal), dass das Rad nicht stets neu erfunden werden muss.

PROCESS BY OBJECTIVES

"There are no problems, only solutions" – John Lennon

Auf der dritten Reifestufe des CMMI ist es soweit: Ein übergreifendes Prozessmodell muss definiert werden. Diese Herausforderung hat interessante Aspekte, zum Beispiel: Wie sieht ein „definierter" Prozess eigentlich aus? Das CMMI-Modell lässt hierbei einige Fragen offen:

> *„A process", so CMMI – Glossary, "used in the CMMI Product Suite, consists of activities that can be recognized as implementations of practices in a CMMI model. These activities can be mapped to one or more practices in CMMI process areas to allow a model to be useful for process improvement and process appraisal."*

("Ein Prozess – wie der Begriff im CMMI-Kontext verwendet wird – besteht aus Aktivitäten, die als Implementierungen des CMMI-Modells angesehen werden können. Diese Aktivitäten können mehrere CMMI-Praktiken abdecken. Dieses (Prozess-)Modell kann für Prozessverbesserung und Prozessbewertung genutzt werden.")

Auffällig ist dabei eine gewisse (Über-)Betonung von Prozessaktivitäten. Dies ist ein von uns in der Praxis häufig beobachtetes Phänomen. Verfolgt man als Prozessdesigner diesen Denkansatz weiter und versucht, die Standardpraktiken in

Tätigkeiten umzusetzen, so erzeugt man eine Verkettung von Prozessschritten, etwa wie im folgenden Beispiel:

Anforderungen entwickeln -> Abstimmen und Freigeben -> Architektur umsetzen -> Design umsetzen -> Implementieren -> Testen -> Ausliefern

Das sieht schon recht plausibel aus, es fehlen aber noch die relevanten Rollen und vor allem die mindestens genauso wichtigen Arbeitsergebnisse. Bei letzteren handelt es sich um Objekte im weitesten Sinne, die im Laufe des Arbeitsprozesses erzeugt, geändert und weitergereicht werden. Werden diese Objekte identifiziert und mit den entsprechenden Aktivitäten kombiniert, wird das daraus resultierende Prozessdiagramm schnell unübersichtlich. Rasch steht man vor dem Dilemma: Worauf könnten wir in diesem riesigen Prozessdiagramm verzichten? Welche Arbeitsergebnisse und Prozessschritte müssen unbedingt sichtbar bleiben, während andere entfernt werden können? Abstrakt betrachtet stellt sich hier latent die Frage: Was ist eigentlich wichtiger: Aktivitäten oder Ergebnisse? Sollte man im Zweifel lieber sämtliche Aktivitäten oder alle Ergebnisse visualisieren?

Die gute Nachricht lautet: Es gibt eine Lösung. Dazu möchten wir einen kleinen Denkanstoß aus der Motivationsforschung präsentieren: Wer jeden Tag über Probleme nachdenkt, wird am Ende eine Menge Probleme haben. Wer sich dagegen auf Lösungen konzentriert, dem eröffnet sich die Sichtweise, dass es für jedes Problem auch eine passende Lösung gibt. Eine andere Erkenntnis aus der Verhaltensforschung zeigt: Wenn man beim Autofahren in einer scharfen Kurve ins Schleudern gerät und dabei den entgegenkommenden Baum ansieht (dies kann sogar unbewusst geschehen), ist die Wahrscheinlichkeit einer Kollision höher, als wenn man an dem Baum vorbeischauen würde. Materie folgt dem Geist, könnte man kurz konstatieren. Übertragen auf unser „Ergebnisse vs. Aktivitäten“ – Dilemma leiteten wir aus den obigen Überlegungen die folgende These ab:

Konzentriert man sich bei der Prozessdefinition auf erforderliche Arbeitsaktivitäten, werden damit eine Menge Arbeitsvorgaben erzeugt. Legt man den Schwerpunkt primär auf Ergebnisse, so führt dies zu einer zielgerichteten Vorgehensdefinition.

Definiert man also viel an Arbeit, bekommt man viel Arbeit, definiert man Ziele, erhält man Ergebnisse. Das erscheint plausibel: die meisten von uns wollen lieber Ergebnisse als eine Menge Arbeit haben. Dieses Prinzip ist nicht neu und ähnelt dem aus der Management-Lehre bekannten MBO-Prinzip, „Management by Objectives“. Bei MBO herrscht die Erkenntnis vor, dass eine vollständige Definition detaillierter Arbeitsvorgaben ein unmögliches (und nicht zielführendes) Unterfangen darstellt. Dem ist erfahrungsgemäß zuzustimmen, und trotz seiner Schwächen wird MBO in der Organisationslehre als ein erfolgreicher Ansatz gewürdigt. D. h. in der Praxis: Werden qualifizierten Mitarbeitern klare Ziele vorgegeben, dann wird der richtige Weg ohne Detailvorgaben gefunden, sofern im Vorfeld klare Qualitätsvorgaben festgelegt sind. Wäre es also nicht sinnvoller, ergebnisorientiert zu verfahren anstatt umfangreiche Verkettungen detaillierter Arbeitsvorgänge vorzugeben? Warum nicht Prozesse über Ergebnisse definieren? Der Weg ist zweitrangig, das Ziel ist wichtig. Natürlich werden in der Praxis Hilfestellungen benötigen, z. B. in Form von Handbüchern oder Schulungen, damit sich insbesondere neue Mitarbeiter im Arbeitsprozess schnell zurechtfinden können. Für erfahrene Mitarbeiter reichen dagegen klare Zielvorgaben (Ergebnisvorgaben) aus.

Bezogen auf unser vorangegangenes Beispiel würde das Ergebnis einer zielorientierten Prozessanalyse wie folgt aussehen:

Anforderungskatalog -> Anforderungsfreigabe -> Architekturdokument -> Designdokument -> Ausführbares Programm -> Teststatistik/Bugs/Freigabe -> verpacktes Endprodukt

Testen Sie selbst, was Ihnen akzeptabler erscheint: Das eingangs angeführte Beispiel der Verkettung von Tätigkeiten oder die hier dargestellte Verkettung der Ergebnisse.

Mit dieser Erkenntnis war unsere Idee des „Process by Objectives“ (PBO) geboren. PBO haben wir in unserer Beraterpraxis bereits mit großem Erfolg für unsere Kunden umgesetzt. Dabei wird mit groben Meilensteinen, dann mit Ergebnissen, und erst ganz zum Schluss mit der vollständigen Prozessdefinition inklusive aller Aktivitäten vorgegangen. Es zeigt sich, dass dieser Ansatz die Akzeptanz neuer Prozessmodelle deutlich steigert. Einer detaillierten Vorgehensvorgabe begegnet man nicht selten mit der größten Skepsis, aber selbst die hartnäckigsten „Prozessmuffel“ akzeptieren klare Zielvorgaben.

PROCESS BY EXAMPLE

Darf man die Verantwortung für den Entwicklungsprozess vollständig delegieren?

Ein ordentliches Projektmanagementsystem kann für das Management eine große Entlastung sein. Es wäre aber leichtsinnig anzunehmen, dass ein solches System ein Selbstläufer ist. Ganz im Gegenteil.

Programmmanagement und Projektmanagement sind Führungsaufgaben. Über die vielfältigen Aspekte von Management und Führung sind unzählige Bücher geschrieben worden. Daraus ist eine Reihe griffiger Schlagworte hervorgegangen, unter anderem:

- Management by Exception
- Open Book Management
- Management by Objectives (MBO)
- Management by Decision Rules
- Management by Walking (Wandering) Around (MBWA)
- Management by Delegation
- Autocratic Leadership
- Charismatic Leadership
- Transformational Leadership
- Bureaucratic Leadership

Und so weiter. Während sich über den Mehrwert und die Wirksamkeit dieser Ideen vortrefflich streiten lässt, ist Leading by Example ein Ansatz, der weitgehend unstrittig erscheint. Mit gutem Beispiel voranzugehen ist einleuchtend und selbstverständlich; es zeichnet gute Führungspersönlichkeiten aus.

Ein Entwicklungsprozess – ganz gleich, ob es sich um einen schwierigen SPICE-Level-3- oder einen superschlanken agilen Prozess handelt – ist nicht nur ein organisatorisches Schema; er ist auch (oder gar vor allem) ein Führungswerkzeug. Während ein gutes Managementsystem die Aufgaben überschaubar auf Rollen verteilt, scheint die Führung an sich oft „out of scope“ zu sein. Das verführt die

Führungsebene oft dazu zu glauben, dass ihre Arbeit getan sei, wenn ein gut dokumentiertes und systematisch eingeführtes Vorgehensmodell eingeführt ist.

Doch das ist nicht genug. Schlussendlich kann ein Prozesshandbuch keine Führung ausüben. Es kann Informationswege optimieren, klare Verantwortlichkeiten regeln, Ergebnisse und ihre Qualität definieren und vieles mehr – aber es kann keine inhaltliche Richtung vorgeben, und es kann selbst keine Autorität ausstrahlen.

Ein Prozess lässt sich nicht per Dekret einführen. Schnell macht dann der Spruch vom „Wasser predigen und Wein trinken" die Runde. Das wird oft ermüdend bis gar peinlich. Genau da fällt dem Prinzip „Leading by Example" eine entscheidende Rolle zu: Der Prozess wird nicht von alleine führen, aber man kann ihn dazu nutzen.

Die Führungspersönlichkeit – ganz gleich, ob dies nun ein VP, ein Bereichsleiter, ein Programm- oder Projektmanager ist – muss den Prozess selbst vorleben: kompromisslos und konsequent. Tagein, tagaus, die Regeln und Vorgaben eines Managementsystems müssen das eigene Handeln durchdringen. Dazu gehören Entscheidungswege, Ressourcenzuständigkeiten, Aufgabenverteilung und Rollendefinition, Qualitätsanforderungen etc. Nur dann wirkt das Managementsystem so glaubwürdig, dass es für Effektivität und Effizienz des Teams einen optimalen Beitrag leisten kann.

Das „Prozess by Example"-Prinzip scheint auf den ersten Blick die Vorteile des Managementsystems zu relativieren. Wenn ein Manager den Prozess vorleben muss, wann hat er denn die Zeit für strategische Aufgaben?

Die Antwort darauf lautet: Das Managementsystem IST auch eine strategische Aufgabe. Denn ein modernes Unternehmen, insbesondere im Technologiebereich, lebt fast ausschließlich von dem durch seine Experten generierten Mehrwert. Und der Ansatz „Prozess by Example" ist der beste Weg, die Produktivität so weit zu erhöhen, dass kein Mikromanagement mehr erforderlich ist.

Als Führungskraft im technischen Bereich darf man den Entwicklungsprozess daher nicht vollständig delegieren. Es ist wichtig, dass man der Belegschaft den Prozess vorlebt. Das bedeutet nicht, dass man selbst aktiv mitentwickeln sollte. Jeder Entwicklungsprozess hat Schnittstellen zum Topmanagement, und genau da sind Führungsfähigkeiten gefragt. Qualitätssicherung, Eskalationsprozesse, Reviews und Zielvorgaben werden über solche Schnittstellen betrieben. Dabei gibt „Prozess by Example" Führungskräften eine tolle Gelegenheit, wahre Führungsqualitäten zu demonstrieren. Das Prinzip sollten Führungskräfte daher praktizieren, am besten jetzt gleich.

DIE ALTEN ÄGYPTER WAREN AGIL

„Die Geschichte wiederholt sich nicht. Sie reimt sich nur", erkannte Mark Twain. Die Projekt-Agilität liefert dafür ein gutes Beispiel.

Der ständige Streit um die „richtige" Vorgehensweise im Projektmanagement ist extrem zeitaufwendig, um nicht zu sagen: nervtötend. In meinem Vortrag „Rationale Agilität" auf der Embedded-Messe in Nürnberg im Februar 2012 versuchte ich zu verdeutlichen, dass die Redewendung „alter Wein in neuen Schläuchen" den Sachverhalt sehr gut beschreibt.

Die Entscheidung über die Gestaltung der Entwicklungsprozesse wird oft wie folgt herbeigeführt:

1. Prozesse stinken!
2. Agilität ist cool!
3. Also lasst uns jetzt agil sein!!!

Diese Logik ist bestechend. Dazu habe ich bereits im Artikel „Prozesse stinken!" klar Stellung bezogen.

Das Tragische an der ganzen Sache: Agilität in Projekten ist ein sehr alter Hut.

Nehmen wir als Beispiel das alte Ägypten. Vor etwa 2500 Jahren wurden im Rahmen gigantischer Projekte imposante Pyramiden errichtet. Waren diese Projekte agil oder prozessorientiert gestaltet? Das *Agile Manifesto* wird uns helfen, diese Frage zu beantworten:

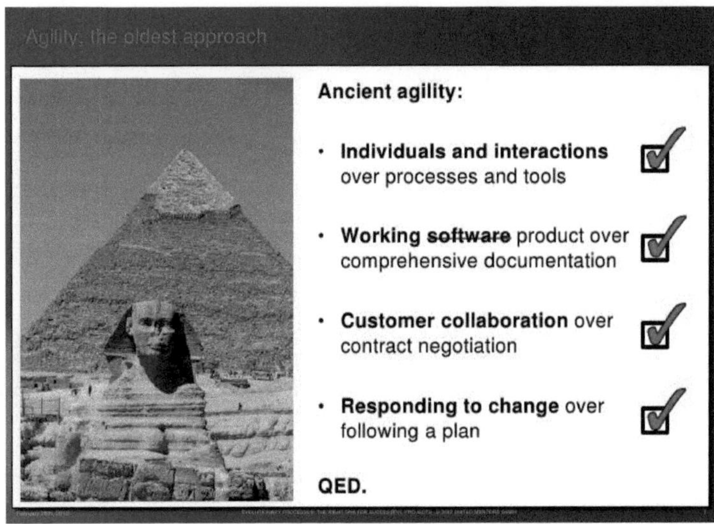

Abbildung 1: Auszug aus der Präsentation

- **Individuen und Interaktionen mehr als Prozesse und Werkzeuge:** Es gab keine Prozesse. Werkzeuge waren primitiv. **Forderung erfüllt!**
- **Funktionierende Software mehr als umfassende Dokumentation** (statt „Software“ müssen wir „Pyramide“ einsetzen): Dokumentation war unbekannt. Wenig davon hatte wohl jemals existiert. Die Pyramiden sind da und „funktionieren“ vortrefflich. **Forderung erfüllt!**
- **Zusammenarbeit mit dem Kunden mehr als Vertragsverhandlung**: Es gab keinen Vertrag, aber eine sehr klare Kundenbeziehung. Es gab überhaupt keine Verhandlungen. **Forderung erfüllt!**
- **Reagieren auf Veränderung mehr als das Befolgen eines Plans**: Es gab keinen Plan. Es konnte keinen geben. Eine typische Pyramide wurde von Zehntausenden Arbeitern über viele Jahrzehnte gebaut. Es war unmöglich, dafür im Voraus einen Zeitplan zu erstellen, vor allem, weil keine Dokumentation vorhanden war. Wenn etwas schiefging, wurden neue Arbeiter beschäftigt. Offiziell ging vermutlich „nie“ etwas schief. **Forderung erfüllt!**

Ich habe es schon immer geahnt: Die alten Ägypter waren agil!!! Und das vor 2500 Jahren!

Doch wenn wir schon immer agil (zu Deutsch: „lebhaft“) waren, was soll dann dieser lästige, destruktive, unangenehme, ärgerliche, nicht enden wollende Streit?

AGILE WBS

Die „Work Breakdown Structure“ (WBS), zu Deutsch Projektstrukturplan, gehört zu den klassischen Werkzeugen im Projektmanagement. Das zugrundeliegende Konzept entstand bereits vor gut 40 Jahren. Doch noch immer scheinen in vielen Augen große Fragezeichen auf, wenn das Kürzel erwähnt wird. Besonders in agilen Projekten ist die WBS ein seltener Gast. In welchen Projekttypen kann das WBS-Konzept eingesetzt werden? Ein kleiner Ausflug in die Welt des Projektcontrollings.

Die WBS wurde 1964 zum ersten Mal ausführlich behandelt („PERT Implementation Manual“ der US-Regierung), aufbauend auf dem zwei Jahre zuvor vom US-Verteidigungsministerium entworfenen Planungssystem „PERT“ („NASA DoD Guide to PERT cost“). Die WBS bildet bis heute einen wichtigen Grundstein des Projektmanagementsystems des US-Militärs. Es überrascht daher nicht, dass die WBS insbesondere in den USA große Popularität genießt. Im PMBoK, dem „Project Management Body of Knowledge“ des Project Management Institute (PMI), wird die WBS als eine der wesentlichen Praktiken betont. Auch in anderen Standards, wie z. B. im CMMI-Modell des Software Engineering Institute (SEI), wird die WBS als ein selbstverständliches Konzept empfohlen.

Die WBS basiert auf dem Dekompositionsprinzip. Wenn ein Produkt so komplex ist, dass sein Herstellungsprozess nicht „am Stück“ geplant und kontrolliert werden kann, muss es in kleinere, leichter handhabbare Komponenten zerlegt werden. Dies ist praktisch bei allen modernen Systemen und Softwareprodukten der Fall. Jede einzelne Komponente wird dann nach einem „Masterplan“ bewertet, geplant, entwickelt und ausgeliefert. Im deutschen Sprachraum hat sich der Begriff eines „Arbeitspakets“ etabliert, der mit der WBS gut harmoniert. Eine WBS enthält genau die Menge aller Arbeitspakete, die realisiert werden müssen, damit ein Projekt erfolgreich abgeschlossen werden kann. Dies bedeutet auf Projektneudeutsch: Die WBS legt den Scope (Projektumfang) fest.

Die folgende Abbildung zeigt die stark vereinfachte WBS eines Hardwaremigrationsprojekts und veranschaulicht zugleich das simple WBS-Prinzip:

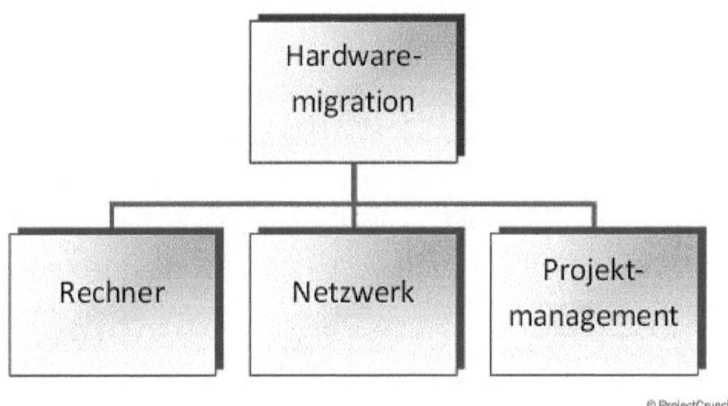

Abbildung 1: Eine simple WBS

Eine derart allgemein gehaltene WBS wird als „Top Level WBS" bezeichnet. Sie enthält lediglich zwei Ebenen und dient dazu, die grundsätzliche Richtung der Dekomposition vorzugeben, ohne einzelne Arbeitspakete zu nennen. Trotzdem stellt sich bereits die Frage nach der Klassifikation der Arbeitspakete. Sollte man lieber aufgaben- bzw. prozessorientiert („Projektmanagement") oder ergebnisorientiert („Rechner", „Netzwerk") vorgehen? Eine gute Lösung liegt in den meisten Fällen darin, Aktivitäten und Prozesse nur als Gliederungshilfe zu verwenden und die resultierenden Ergebnisse als Blätter zu organisieren. Bei Aufgaben, die kontinuierlich anfallen und viele kleine statt wenige große Resultate liefern, empfiehlt sich zudem pragmatisch zu bleiben und eine Tätigkeit als WBS-Blatt zuzulassen. Dies stellt in Bereichen wie Projekt- oder Konfigurationsmanagement eine gute Lösung dar:

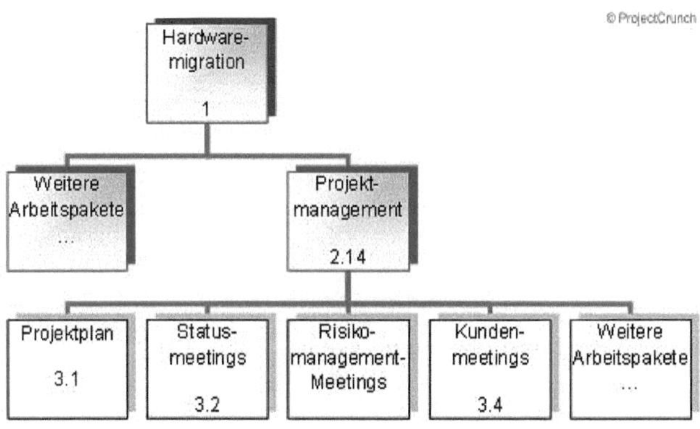

Abbildung 2: Eine WBS mit Aktivitäten

Zu den Vorteilen dieser Vorgehensweise gehört die Möglichkeit, „Streuverluste" explizit zu erfassen, die andernfalls im Projektalltag „versickern". Sie werden häufig als „Linienaufgaben" gebucht, was die tatsächlichen Projektkosten verschleiern kann.

Es gibt weitergehende Techniken bei der Gestaltung einer WBS-Struktur, auf die hier nicht weiter eingegangen wird, etwa eine Festlegung der Ebenentypen (z. B.: Zweite Ebene beinhaltet Prozesse, dritte Ebene Ergebnisse). Eine WBS kann außerdem recht umfangreich werden, daher erhalten WBS-Elemente einen eindeutigen Code, wie in der obigen Abbildung dargestellt. Diese Codes sind eindeutig, verändern sich nicht im Laufe des Projekts und können als Schnittstelle zum Rechnungswesen Verwendung finden. Außerdem müssen in jedem Fall weitere Regeln beachtet werden. Beispielsweise dürfen sich die WBS-Pakete inhaltlich nicht überschneiden und müssen zu genau einem übergeordneten Paket gehören (außer dem Wurzelpaket) etc. Diese und weitere Regeln und Tipps sind im Standardwerk „Practice Standards for Work Breakdown Structures" des PMI nachzulesen.

Eine so gestaltete WBS stellt ein praktisches Werkzeug dar, mit dem Projektmanager sowohl die Planungs- als auch die Ausführungsphase meistern können. Dafür wird die WBS in einer frühen Phase des Projektlebenszyklus erstellt und spielt im weiteren Projektverlauf eine zentrale Rolle.

Abbildung 3: WBS als Planungs- und Kontrollwerkzeug

Stark abgekürzt gestaltet sich der Einsatz der WBS in der klassischen Projektmanagementwelt wie folgt: Auf der Grundlage der vollständigen WBS, die durch eine ordentliche Beschreibung der einzelnen Pakete ergänzt wird („WBS Dictionary"), wird zunächst eine Aufwandsschätzung durchgeführt. Diese liefert Daten für die Ressourcen- und Zeitplanung, die meist als Gantt-Diagramm visualisiert wird, z. B. mit MS Project. Da dieser Planungsstand eine wichtige Grundlage für die Projektgenehmigung bildet, wird er als Baseline eingefroren. Diese Baseline kann nur im Rahmen eines streng sanktionierten Änderungsprozesses modifiziert werden (sprich: Eine neue Baseline wird gültig, die bisherige ungültig). Sie definiert den vollständigen, genehmigten Projektumfang (Scope) und ermöglicht eine darauf aufbauende systematische Kosten- und Fortschrittskontrolle.

Ein klassisches Instrument für die WBS-basierte Projektüberwachung ist das von dem Department of Defense (DoD) entwickelte „Earned Value Management" (EVM), das als „Management des Fertigstellungswerts" übersetzt werden könnte. Hierbei werden die WBS-Pakete über die gesamte Dauer eines Projekts unter Berücksichtigung von Ressourceneinschränkungen verteilt, womit sich die voraussichtliche Reihenfolge und die Lieferzeitpunkte der WBS-Pakete ergeben. Der zeitliche Verlauf heißt „Planned Value" (PV). Im Verlauf des Projekts werden der Fertigstellungswert („Earned Value", EV) und die tatsächlichen Kosten („Actual Cost", AC) mit dem PV-Verlauf verglichen.

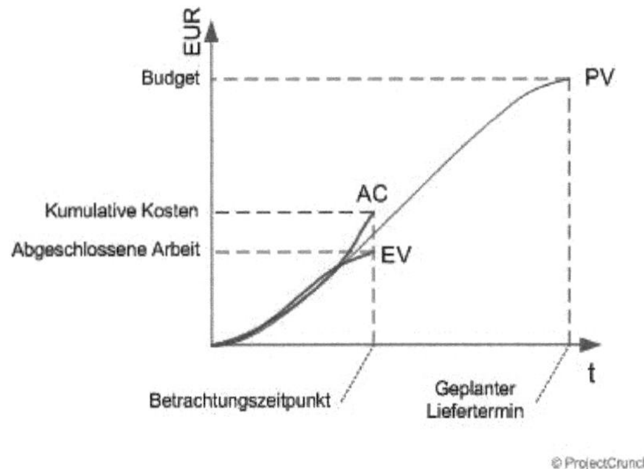

Abbildung 4: Ein beispielhafter Verlauf der EVM-Kernkennzahlen PV/EV/AC

Mit dieser Technik können Risiken (z. B. Gefährdung des Liefertermins) frühzeitig erkannt werden. Das EVM stellt eine Grundlage für eine Vielzahl hilfreicher Metriken dar, wie Schedule Variance (SV, Planabweichung) Schedule Performance Index (SPI, Terminentwicklungsindex), oder einfach zu berechnende Prognosen, wie zum Beispiel EAC (Estimate at Completion, erwartete Gesamtkosten zum aktuellen Zeitpunkt).

Ohne nun auf weitere Details dieser Metriken einzugehen, soll nicht unerwähnt bleiben, dass sich dieses Projektcontrollingsystem in zahlreichen Projekten gut bewährt hat und inzwischen weltweit anerkannt ist. Das EVM und damit einhergehend die WBS-Methodik sind vor allem in den USA so weit verbreitet, dass ihre Beherrschung für Zulieferer großer Konzerne als zwingende Voraussetzung für die Zulassung zu Ausschreibungsverfahren genannt wird.

Trotz der Popularität der WBS/EVM-Methodik in typischen Großprojekten wird es von manchen Anhängern der agilen Methodologie skeptisch beäugt. Ist es möglich, ein derart stringentes Projektcontrolling zu betreiben?

Es gibt eine Vielzahl agiler Projektmanagementtechniken, die in der Praxis Verbreitung gefunden haben, z. B. FDD (Feature Driven Development), Scrum oder Extreme Programming. Da Scrum eine vergleichsweise stringente Systematik enthält, soll es im Folgenden stellvertretend für die Familie agiler Methodiken betrachtet werden.

Scrum-Projekte sind stark iterativ strukturiert und werden strikt anforderungsgetrieben abgewickelt. Das klassische Lastenheft wird durch den Product Backlog ersetzt. Iterationen heißen bei Scrum „Sprints“. In jedem Sprint wird ein Teil des Product Backlog umgesetzt (Sprint Backlog). Jeder Sprint bildet einen kompletten Entwicklungszyklus, bestehend aus Planung des Sprint Backlogs, Umsetzung der Anforderungen, Qualitätssicherung und Abnahme des Ergebnisses. Der Fortschritt des Projekts wird mithilfe des Burn-down-Charts verfolgt. Eine lineare Abarbeitung der Aufwände wird in Scrum explizit empfohlen.

Interessant ist bei Scrum der Wegfall der Projektmanagerfunktion. Stattdessen werden die meisten Managementaufgaben vom Product Owner übernommen. Die Prozessqualitätssicherung, das Coaching und einige Organisationsaufgaben übernimmt der Scrum Master. Die Entwickler sind nach Scrum ein weitgehend sich selbst organisierendes Team. Weitere Rollen werden nicht explizit gefordert.

Während einige Scrum-Aspekte einem „alten Hasen“ ungewohnt vorkommen mögen, liegen die beiden Welten bei einer näheren Betrachtung nicht so weit auseinander. Zum einen wäre der im Scrum festgeschriebene Product Backlog als eine stark vereinfachte Form der WBS anzusehen. Allerdings werden hierbei Verwaltungsaufwände (z. B. die Arbeit des Scrum Masters) nicht als separate Arbeitspakete erfasst, so dass der Koordinationsaufwand in einem Projekt nicht einfach zu messen ist. Zugleich könnte man jedoch argumentieren, dass die Product-Backlog-Einträge implizit alle für die Realisierung erforderlichen Aktivitäten beinhalten, daher ist auch die Aufwandsschätzung vollständig. Auf diese sehr pragmatische Weise kann die Frage des Scope-Managements gelöst werden. Eine vollständige WBS definiert den Umfang eines klassischen Projekts. In einem Scrum-Projekt kann der Product Backlog am Anfang des ersten Sprints als Festlegung des Projektumfangs dienen.

Nun könnte man die in Abbildung 4 dargestellte Idee an die Scrum-Methodologie anpassen. Die geplante Backlog-Umsetzungslinie (Summe aller Sprint Burndown Charts, dargestellt relativ zu allen Requirements)

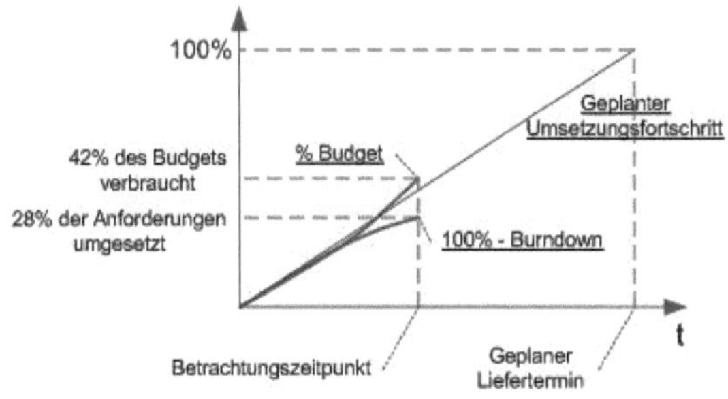

Abbildung 5: Eine mögliche Umsetzung des EVM-Prinzips in einem agilen Projekt

Passt man die klassischen Messgrößen wie SPI (Schedule Performance Index) und CPI (Cost Performance Index) an diese Vorgehensweise entsprechend an (von absoluten zu relativen Größen), erhält man plausible Kennzahlen. Somit steht eine vereinfachte, aber wirksame Projektcontrollingmethode zur Verfügung, die in agilen Projekten einsetzbar ist.

Zusätzlich zu beachten wären noch weitere Aspekte, die ein agiles von einem klassisch gemanagten Projekt unterscheiden. Dies bei einer genauen Betrachtung der Kernaussagen des „Manifesto for Agile Software Development“, an dem sich agile Methodologien orientieren. Das Manifest postuliert folgende Prinzipien:

- Individuen und Interaktionen haben Vorrang vor Prozessen und Werkzeugen.
- Funktionsfähige Software hat Vorrang vor umfassender Dokumentation.
- Zusammenarbeit mit dem Kunden hat Vorrang vor Vertragsverhandlungen.
- Das Eingehen auf Änderungen hat Vorrang vor sturer Planverfolgung.

Die beiden letzten Punkte sind besonders interessant, denn sie verdeutlichen, dass das traditionelle, strenge Scope-Management in agilen Projekten infrage gestellt wird. Dagegen bildet eine stringente Handhabung des Projekt-Scopes in der traditionellen Projektwelt ein unumstößliches Axiom. Prinzipiell stellt dies jedoch kein unlösbares Problem dar. Fasst man nämlich den Change-Management-Prozess etwas flexibler (also: agiler) auf, kann die Scope-Verwaltung in einer kontrollierten Art und Weise erfolgen.

Ob man nun die umfangreiche WBS-Methodik des DoD mit all ihren Regeln und eine schwergewichtige EVM-Vorgehensweise wählen oder sich für eine agile Version entscheiden sollte, hängt von der Art des Projekts ab. In einem Webentwicklungsprojekt etwa könnte die zweite Variante einfach kostengünstiger sein. Bei der Entwicklung kritischer Systeme wie in der Raumfahrt oder im Rüstungsbereich und ab einer bestimmten Budgetgrößenordnung ist das bewährte WBS/EVM-Vorgehen die bessere Wahl.

In jedem Fall ist man als Budgetverantwortlicher gut beraten, auch bei agilen Projekten verlässliche Kennzahlen zu definieren, damit das Risikomanagement nicht auf der Strecke bleibt. Das erfordert eine besondere Auslegung der traditionellen Controlling-Standards wie EVM im Kontext einer agilen Vorgehensweise. Bei einer geschickten Prozessgestaltung ist es möglich, Vorteile agiler Methodiken mit Vorzügen erprobter Standards erfolgreich zu kombinieren.

DAS AGIL-O-METER, ODER: WIE VIEL AGILITÄT VERTRÄGT IHR PROJEKT?

Ist Ihr Projekt ein Organismus oder eine Maschine? Seit über hundert Jahren streiten Experten über die beste Vorgehensweise im Projektmanagement. Die Diskussion verläuft zuweilen recht emotionsgeladen. Ein differenzierter Blick hilft dabei, den geeigneten Ansatz zu wählen.

Auch wenn der agile Ansatz in der Softwareentwicklung in die Jahre kommt, so bleibt er weiterhin heftig umstritten. Trotzreaktion und Leichtsinn – so fassen manche Kritiker den agilen Ansatz zusammen. Generalangriff auf die verkrusteten Bürokratismen – so sehen es die Anhänger der kompromisslosen Agilität. Das agile Manifest – Anno Domini 2001 – ist entsprechend polarisierend formuliert. Durch eine prägnante Aufstellung von Gegensätzen wird der Leser gezwungen, klare Positionen zu beziehen.

Dieser spaltende Charakter des agilen Manifests ist nicht unumstritten. Weshalb sind zum Beispiel Faktoren wie funktionierende Software und ihre Dokumentation als Gegensätze zu begreifen? Und wenn sie keine Gegensätze sind – warum muss man sich zwischen den Extremen entscheiden? Natürlich ist in einem Auto die Bremse wichtiger als das Gaspedal – muss man deshalb das Gaspedal für überflüssig erklären?

Kenner der Materie wissen, dass Softwareexperten in einer Welt voller gegensätzlicher Anforderungen leben. Ein Softwareentwickler kann nicht einfach losprogrammieren – er muss eine Vielzahl verschiedener Rahmenbedingungen beachten. Will man schnell oder hochwertig entwickeln? Kann man die Benutzerschnittstelle beliebig gestalten oder muss man sich an strenge Richtlinien halten? Sollte man viele oder wenige Kommentare in den Sourcecode schreiben? Sollte man die Schnittstellen zentral oder in der jeweils dazugehörigen Kopfdatei dokumentieren? Welche Schnittstellen sollte man überhaupt und welche ausführlich dokumentieren? Muss das Ergebnis „fehlerfrei“ sein – oder sind kleine Defects kein Riesenproblem und gar gewollt?

Die Liste der softwaretechnischen Entscheidungsnöte erscheint schier endlos. Und nun noch dies: Brauchen wir einen wohldefinierten Prozess oder wollen wir lieber agil und ungezwungen vorgehen?

Wir machen's jetzt agil!

Wie bei den meisten Modeerscheinungen erweisen sich marketingtaugliche Begriffe in der Praxis als wenig hilfreich. Das „Silver Bullet“-Phänomen – der Glaube, dass ein singuläres Konzept für alle Probleme einzig richtig sei – greift schnell um sich, und schon bald müssen alle Projekte grundsätzlich „agil“ sein. Gerne vergisst man, dass es eine Fülle möglicher Projektarten gibt, die nach verschiedenen Kriterien eingestuft werden können und sich mehr oder weniger für die agile oder systematische Vorgehensweise eignen. Hand aufs Herz: Wer würde freiwillig in ein Flugzeug steigen, in dem alle Softwaresysteme agil erstellt wurden? Oder sich auf einen Operationstisch legen, um sich von einer agil entwickelten Steuerung eines Laser-Skalpells die Augen operieren zu lassen? Aber auch bei weniger kritischen Projekten stellt sich die Frage, wie fehlertolerant das Projektumfeld sein darf. Probleme mit einem Massenprodukt, das von tausenden enttäuschten Kunden wegen seiner schlechten Qualität in Internetforen in Grund und Boden kritisiert wird, können für seinen Hersteller schnell existenzbedrohlich werden.

Dabei hilft die traditionelle Projekttypologie nicht weiter. Ein Beispiel dafür liefert die „Goals-and-methods matrix“ von Turner und Cochrane[1]:

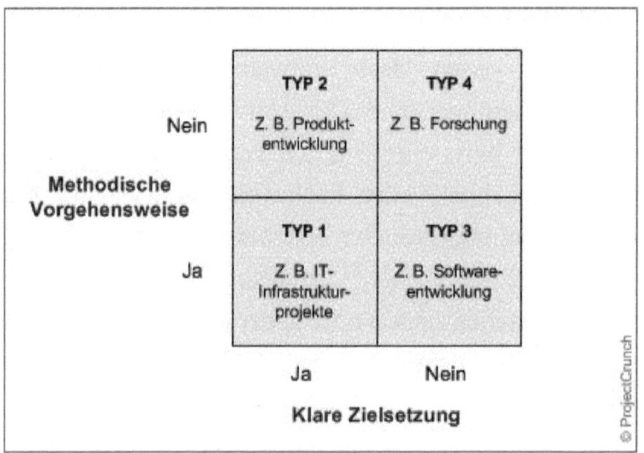

Abbildung 1: Turner & Cochrane's Projekttypisierung

Turner und Cochrane ordnen Softwareprojekte dem Projekttyp 3 zu (wohldefinierte Methodik bei unzureichender Zielklarheit). Ein Softwaresystem wie der Airbus-Autopilot stellt jedoch eine im Vorfeld sehr detailliert spezifizierte Lösung dar, die mithilfe genau vorgegebener Arbeitsprozesse entwickelt wurde. Zugleich begnügen sich die meisten agilen Verfahren mit einer minimalistischen Vorgehensweise bei einer sehr flexibel gehandhabten Zielsetzung und entsprechen damit eher dem Projekttyp 4.

Gesucht: bessere Projektklassifizierung

Dieser Widerspruch lässt sich damit erklären, dass Software inzwischen in sämtlichen Lebensbereichen allgegenwärtig und ihre Natur daher unglaublich vielfältig ist. Moderne Softwareprojekte können je nach ihrer Art jedem der genannten vier Projekttypen zugeordnet werden. Die einfache Typisierung greift mithin nicht mehr, und spätestens seit dem agilen Hype ist daher eine andere, feinere Differenzierung der Softwareprojekte notwendig geworden. Barry Boehm, der berühmte Guru der Softwaretechnik, erkannte bereits vor knapp zehn Jahren, dass das Thema „agil vs. planmäßig“ objektiviert werden sollte. In seinem

[1] Turner, Cochrane (1993): Goals-and-methods matrix: coping with projects with ill defined goals and/or methods of achieving them. International Journal of Project Management 11 (2, May), 93-112.

Buch „Balancing Agility and Discipline“[2] werden verschiedene Einflussfaktoren beleuchtet, die für oder gegen agile Vorgehensweisen in Softwareprojekten sprechen. Die fünf Entscheidungskriterien für die Wahl des richtigen Vorgehens sind nach seiner Einschätzung die folgenden:

- Projektgröße (klein vs. groß)
- Kritikalität (fehlertolerant vs. ausfallsicher)
- Dynamik (instabiles vs. durchorganisiertes Projektumfeld)
- Qualifikation des Projektteams (Top-Experten in allen Bereichen vs. Arbeitsteilung)
- Kultur (spontan vs. rollenbasiert)

Für den praktischen Einsatz sind diese Kriterien aus folgenden Gründen problematisch:

- Es gibt zwischen den extremen Ausprägungen dieser Faktoren viele Abstufungen.
- Konkrete Ausprägungen der Entscheidungsfaktoren sind zum Teil voneinander abhängig.
- Nicht jede Fragestellung lässt sich eindeutig einem der o. g. Hauptkriterien zuordnen.

Wenn es sich beispielsweise um eine Erweiterung bestehender Systeme handelt, dann ist zum einen wichtig, wie groß das zu liefernde System (inklusive der Erweiterung) sein soll, zum anderen stellt sich die Frage nach der Reife der eingesetzten Technologien. Ein kleines System mit einem sehr komplexen Innenleben (z. B. finanzmathematische Rechnungskerne) sollte besser nicht agil entwickelt werden, wogegen ein umfangreiches System, das aus bewährten Standardbausteinen zusammengesetzt werden kann, als ein agiles Projekt erfolgreich sein kann. Die Abwägung lässt sich als simpler Entscheidungswürfel darstellen:

---

[2] Boehm, Turner (2003): Balancing Agility and Discipline: A Guide for the Perplexed. ISBN 0-321-18612-5.

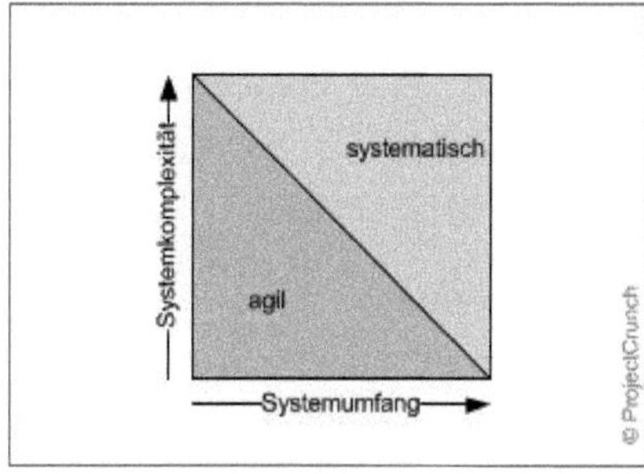

Abbildung 2: Der Entscheidungswürfel “Komplexität/Umfang”

Zur Verdeutlichung betrachten wir zwei hypothetische Projekte:

A) Entwicklung eines Autopiloten für ein Passagierflugzeug

B) Entwicklung eines neuen iPhone-Konkurrenten

Die Analyse der Systemkomplexität und des Systemumfangs ergibt die folgende Positionierung:

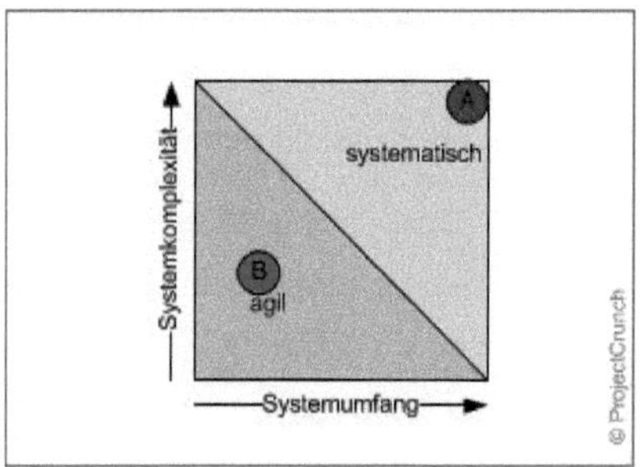

Abbildung 3: Einordnung einer kritischen Systementwicklung A und einer Massenproduktentwicklung B

Diese Betrachtung liefert relative Einschätzungen; absolute Zahlen und Erfahrungswerte der Industrie sind – wie so oft in der Softwaretechnik – nicht ausreichend bekannt. Letztendlich bietet diese Betrachtungsweise daher eine auf der Erfahrung des Managementteams basierende Entscheidungshilfe.

Das Agil-O-Meter

Berücksichtigt man weitere Faktoren, die in unserem Beraterealltag besonders häufig vorkommen, ergibt sich eine Bewertungsmatrix – das Agil-O-Meter®:

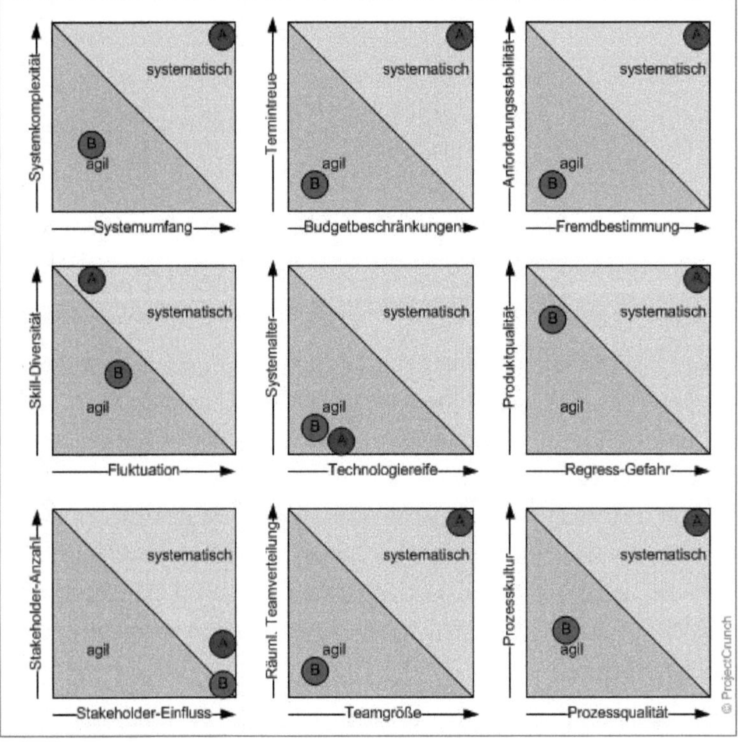

Abbildung 4: Das Agil-O-Meter®

Unsere Beispiele – Entwicklung in der Luftfahrt (A) und Entwicklung eines Massenprodukts (B) – verdeutlichen, dass bei einem Projekt nicht alle Faktoren in die gleiche Richtung zeigen müssen. Während bei (A) das Systemalter und die Technologiereife für ein agiles Projekt sprächen, zeigen alle anderen Würfelpositionierungen eine klare Empfehlung für ein systematisches Projektmanagement auf.

Der erste Schritt ist entscheidend

Eine sinnvolle Einschätzung der richtigen Balance zwischen Planmäßigkeit und Agilität stellt eine missionskritische Aufgabe dar, die am Anfang eines jeden Projekts gelöst werden muss.

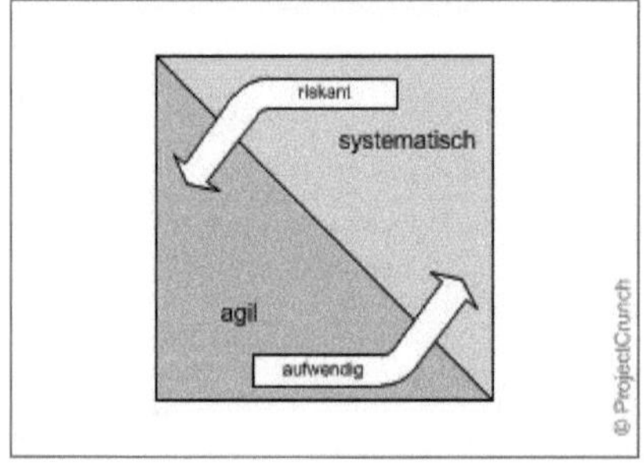

Abbildung 5: Kritikalität eines Übergangs von Agilität zur Systematik und umgekehrt

Wenn die Organisation einmal auf eine bestimmte Vorgehensweise ausgerichtet wurde, kann sie sich nur schwer umstellen – schon gar nicht mitten im Projektverlauf. Eine Veränderung von "agil" zu "systematisch" ist riskant, der umgekehrte Weg aufwendig. Unser Agil-O-Meter erwies sich als eine einfache Möglichkeit, die wichtigsten Aspekte eines Projekts zu diskutieren und so eine bessere Entscheidung für die richtige Projektmethodik zu treffen. Ergänzend können (und sollten) die üblichen Verfahren aus der Lehre über rationales Entscheiden angewendet werden, wie gewichtete Entscheidungsmatrizen oder Entscheidungsbäume.

Vollkommen ist das Agil-O-Meter natürlich nicht: In bestimmten Projekten könnten andere Entscheidungswürfel als die von uns vorgeschlagenen erforderlich sein. Es wird dem Projektmanager nicht erspart bleiben, sich mit vielen offenen Fragen herumzuschlagen. Das Agil-O-Meter hilft, einen differenzierten Blick auf die ansonsten häufig recht kontroverse Diskussion über die geeignete Projektmethodik zu behalten.

PROZESSOPTIMIERUNG: WUNSCHDENKEN ODER REALITÄT?

„85% of the reasons for the refuse to fulfill customer expectations you can trace back to failures of systems and processes, less to people. The task of management is to change processes not the people" (*W. E. Deming*)

Herr Deming meint also, es seien Ihre Prozesse und nicht Ihre Mitarbeiter, die Ihnen womöglich das Jahresergebnis verderben. War Deming ein Idealist?

Als William Deming – der Pate des japanischen Wirtschaftswunders – unterwegs war, wurden Prozesse hauptsächlich im Kontext der produzierenden Industrie betrachtet. Es waren vorwiegend Fließband-Betriebe, die im Sinne des „Wissenschaftlichen Managements“ a'la Frederick Taylor (der übrigens für seine mangelnde Leistung als Produktionsmanager in Bethlehem Steel gefeuert wurde) organisiert waren. Die „Fließband-Metapher“ ist ein mächtiges Marketing-Instrument. Es suggeriert, dass „Geschäftsprozesse“ auch in Dienstleistungsbetrieben genauso gesteuert werden können wie ein Fließband mit Elektromotoren, Qualitäts-Checkpoints, Checktabellen, spezialisierten und austauschbaren Arbeitern und klaren Vorgaben „zum Anfassen“.

Aber die Realität eines Software-Projektes sieht anders aus. Die Freiheitsgrade bei der Produktgestaltung sind von kaum überschaubarer Komplexität. Eine starre Festlegung der Arbeitsabläufe wird vielleicht im aktuellen Projekt funktionieren. In einem weiteren – unvorhergesehen anders gearteten – Projekt können die gleichen Abläufe katastrophale Folgen haben. Ein Versuch, dies zu vermeiden, ist z. B. die Definition so genannter „Tailoring Guidelines“ (wie z. B. im CMMI-Modell auf der dritten Reifestufe beschrieben), die eine flexiblere Verwaltung der Produktionsprozesse ermöglichen soll. Diese Konstruktion erscheint recht abstrakt und in der Praxis je nach Ausprägung ziemlich unüberschaubar. Die Wirksamkeit dieses Ansatzes ist erst langfristig zu erwarten und lässt sich schwer beziffern.

Es ist nicht das erste Mal in der Geschichte der IT, dass Zweifel an der Praxistauglichkeit theoretisch überzeugender Modelle aufkommen. In seinem inzwischen als Klassiker gehandelten Buch „Mind over Machine“ erkennt Hubert L. Dreyfus, dass eine algorithmische Festlegung menschlicher Entscheidungswege kaum zu realisieren ist. Man denke z.B. an die modische Erscheinung der 1990er Jahre, die Künstliche Intelligenz, und die so genannten „Computer der 5. Generation“. Machen wir im Bereich der Prozessverbesserung nicht etwa den gleichen Fehler wie damals mit neuronalen Netzen, Fuzzy Logik, kybernetischen Lebensformen und genetischen Algorithmen? Versuchen wir womöglich wieder das Unfassbare zu erfassen? Vielleicht konzentrieren wir uns zu sehr auf einen Aspekt? Zu sehr auf – mehr oder weniger – abstrakte „Prozesse“ statt auf konkrete Menschen, die diese Prozesse eigentlich ausmachen?

„Ziel ist es, Prozesse – und nicht Menschen – zu verändern“, so Deming in freier Übersetzung. Möglicherweise sagte er das, weil er einsehen musste, dass es einfacher ist, einen mehrdimensionalen Prozessablauf für eine ganze Automobilfabrik zu zeichnen als einen einzigen Menschen zu verändern.

All das soll jedoch nicht zu der Annahme verleiten, dass eine sinnvolle Definition von Prozessabläufen überflüssig ist. Und zwar deshalb nicht, weil wir gegenwärtig schlicht keinen anderen Weg kennen, die Kontrolle über das Geschehen in einem Unternehmen effektiver zu behalten. Wir müssen lediglich vorsichtig sein, pragmatisch vorgehen. Keine Theorie liefert ein sicheres Rezept dafür, wie eine Geschäftsprozessoptimierung erfolgreich durchzuführen ist. Erfahrung, umfangreiches Wissen und konsequente Zielorientierung sind nötig, um die relevanten Abläufe zu erfassen und weiterzuentwickeln.

QUALITÄTSSICHERUNG

SO BEZWINGT MAN DAS TRACEABILITY-MONSTER

„Wie sichern Sie, dass …?“ lautet die oft missbrauchte Floskel eines Auditors. Wie sichern Sie, dass keine Aufgaben verloren gehen? Wie sichern Sie, dass die Ablage immer konsistent bleibt? Wie sichern Sie, dass das Design den Anforderungen entspricht? Wie sichern Sie, dass Sie es sichern können? Die Rekursivität dieser Frage ist offensichtlich– oft aber scheinbar nur für Außenstehende. Diese fragwürdige Fragetechnik trägt Mitschuld daran, dass Prozessqualität im Softwarebusiness vielerorts als irrelevant oder gar schädlich angesehen wird.

Doch nicht nur Prozessberater sind häufig Opfer des eigenen Mangels an Professionalität und Sensibilität; die generalisierende Ablehnung sinnvoller Praktiken bedeutet einen Rückschlag für die Softwareindustrie. Einige Schlüsselkonzepte sollten definitiv nicht geopfert werden, allen voran das Prinzip der „Traceability“: der Nachvollziehbarkeit von Arbeitsergebnissen.

Worauf zielt Traceability ab? Auf dem Weg von Anforderungen bis zum fertigen System werden verschiedene Aktivitäten und Arbeitsprodukte benötigt: Projektplan, Anforderungsunterlagen, Design, Testfälle, Change Requests etc. Die Entwicklung „aus dem Hirn auf den Schirm“, die sich häufig als besonders agil hoher Beliebtheit erfreut, birgt die Gefahr, dass sich ungünstige Informationsmonopole bilden, die den Hergang der hergestellten Softwaremodule verschleiern – und dazu führen, dass irgendwann niemand mehr weiß, warum bestimmte Systemeigenschaften überhaupt implementiert wurden.

Interessant sind dabei folgende Traceability-Pfade:

1. Anforderungen <-> Planung
2. Anforderungen <-> Design <-> Code
3. Anforderungen/Design <-> Test

1. Anforderungen <-> Planung

Der Projektverantwortliche möchte wissen, wann welche Anteile des Lastenhefts umgesetzt werden. Was wurde nun fertig und kann dem Kunden gezeigt werden? Welche Anforderungen oder Anforderungsblöcke gelten als besonders riskant und sollten früh umgesetzt werden?

Diesen Traceability-Pfad nenne ich „**orthogonal**", weil er nicht entlang des V-Modells, sondern orthogonal zu ihm verläuft.

2. Anforderungen <-> Design <-> Code

Damit das System sinnvoll entworfen werden kann, müssen Entwickler ihre Anforderungen kennen und ins Design umsetzen. Dabei geht es vor allem um Schnittstellen und ihre Definition. Die Beschaffenheit der Schnittstellen bestimmt letztendlich das Gesamtdesign, denn das System hat schließlich die Aufgabe, an den Schnittstellen zur Außenwelt das Richtige zu liefern bzw. zu empfangen (Blackbox-Prinzip).

Gleiches gilt für die Umsetzung des Designs: Entwickler müssen interne Schnittstellen kennen, um den dahinter verborgenen Code entwickeln zu können.

Dieser Pfad gewinnt besondere Bedeutung, wenn sich Anforderungen ändern. Man muss schnell entscheiden können, wie teuer eine neue bzw. veränderte Anforderung wird – und das geht am einfachsten, wenn dieser Traceability-Pfad funktioniert.

Diesen Traceability-Pfad nenne ich „**vertikal**", weil er entlang des linken Armes des V-Modells verläuft.

3. Anforderungen/Design <-> Test

Dieser Pfad ist besonders interessant, denn hier geht es um Qualitätssicherung, die sogar in den agilsten Methodikansätzen ihren festen Platz hat. Anforderungen ergeben nur dann einen Sinn, wenn sie testbar sind – aber testen wir sie auch tatsächlich? Das kann man nur dann zufriedenstellend beantworten, wenn zwischen den Testfällen auf allen Ebenen (Systemtest, Integrationstest, Unit Test) und ihren Anforderungen (Systemanforderungen, Design, Moduldesign) eine feste Verknüpfung besteht.

Diesen Traceability-Pfad nenne ich „**horizontal**", weil er zwischen den Armen des V-Modells verläuft.

Im V-Modell sind die Pfade wie folgt abzubilden:

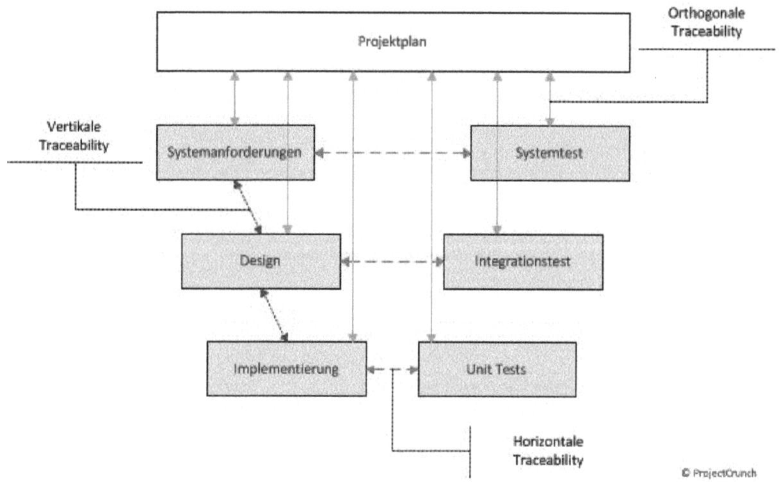

Abbildung 1 Traceability-Pfade im V-Modell

Dieses scheinbar simple Traceability-Prinzip ist schnell postuliert, oft jedoch schwer umzusetzen. Vor allem beim vertikalen Traceability-Pfad stellt sich die Frage nach der Granularität: Wie fein sollten die einzelnen Arbeitsergebnisse miteinander verbunden sein? Wie kann man das Design überhaupt mit den Anforderungen verbinden? Auf Zeilenebene? Auf Modulebene? Per Schnittstelle oder für jede Schnittstellenfunktion und Anforderung?

Ich habe Projekte gesehen, in denen Anforderungen in DOORS zeilenweise mit der textuellen Designbeschreibung verlinkt wurden. In dieser Flut von Links ging der eigentliche Inhalt häufig unter, und jede Änderung der Anforderungs- und Designdokumentation wuchs sich wegen der Pflicht zur Linkpflege zur Qual aus. Traceability ist vielfach von einer sinnvollen Anforderung zu einem verhassten, dem mystischen Prozesssumpf entstiegenen Monster mutiert, das dem Projektteam schnell lästig und schlussendlich zur Erleichterung aller Beteiligten abgeschafft wird.

Die Lösung dieses Dilemmas besteht in einer Lockerung der Traceability-Granularität. Anstatt Anforderungen und Design zeilenweise zu verlinken, können ganze Use Cases mit ihren Realisierungen im Designkontext verbunden werden:

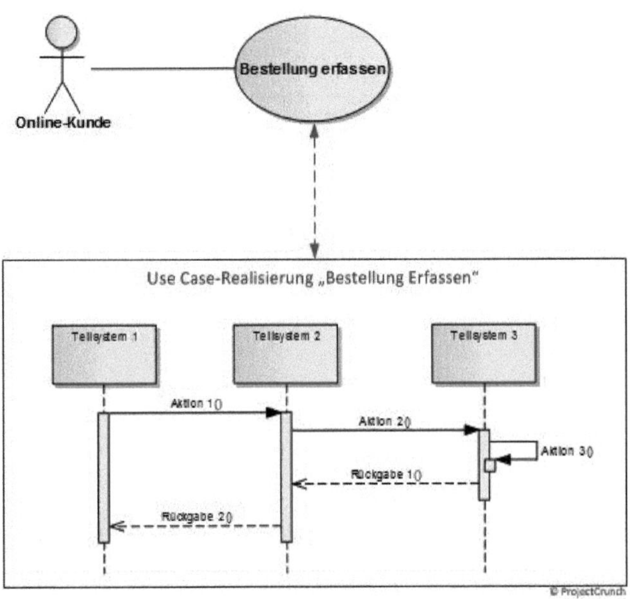

Abbildung 2 Lösung für Vertikale Traceability zwischen Anforderungen und Design

Diese einfache Systematik erlaubt es, die Anforderungen in Use Cases auf Systemschnittstellen („Aktionen" im obigen Diagramm) zu „mappen" und somit eine Verbindung zwischen Anforderungen und Systemschnittstellen herzustellen.

Besonders zielführend ist die grobe Granularität dieses Ansatzes. Anstatt einzelne Funktionen an Passagen im Anforderungskatalog zu knüpfen, werden Teilmengen von Anforderungen mit Teilmengen von Schnittstellendefinitionen verbunden. Ein Nachteil dieser Vorgehensweise stellt die resultierende Unschärfe dar: In welcher Schnittstelle wurde nun welche Anforderung abgebildet? In der Praxis fällt das jedoch nicht ins Gewicht, denn für einen erfahrenen Entwickler ist diese Frage leicht zu beantworten. Mit diesem pragmatischen Ansatz entsteht eine „semantische" Traceability, die in der Praxis deutlich einfacher zu verwalten ist als die starre „syntaktische" Traceability, die satz- und zeilenweise erfolgt und in ihrer Anwendung erheblich mehr Aufwand verursacht.

Keine Angst vor Prozessmonstern

Dieses simple Traceability-Konzept – Teil unserer SlimTrace-Initiative – ist branchenneutral, einfach in der Anwendung und vielfach praxisbewährt. Der

Traceability-Pfad wird als Struktur in einem CASE-Tool umgesetzt, das man für wenige Hundert Euro erwerben kann und ohnehin in jedem objektorientierten Projekt benötigt. Die Vorteile dieser Praxis liegen auf der Hand: Nicht nur ist eine CMMI- und SPICE-konforme, vertikale Traceability „billig" zu haben; ein systematischer Übergang von Anforderungen ins Systemdesign gestaltet sich unkompliziert und redundanzfrei. Somit hat man ein weiteres Prozessmonster bezwungen.

CRAPPY CODE – DIE VORPROGRAMMIERTE FRUSTRATION

Was bedeutet „Softwarequalität"? Wie wichtig ist sie? Welchen Einfluss hat die Code-Güte auf das gesamte Softwareprodukt? Der steigende Kostendruck in der IT-Industrie führt zu Konflikten, in denen Softwareentwickler oftmals arg in die Defensive geraten.

Nicolai Josuttis, ein angesehener Experte der deutschen IT-Beraterszene, gibt auf. „Crappy Code" nannte er seine Keynote auf der ACCU-Konferenz im vergangenen Jahr. Seine Kernaussage: Ordentliches, sauberes Programmieren bilde eine aussterbende Kunst. Als alter „IT-ler" bringe ich für seine These viel Sympathie auf. Es spielt sich auch nach meiner Beobachtung in der Tat eine unerfreuliche Entwicklung ab. Vielerorts spart man rigoros an Design und Programmierung. Das finale Ergebnis ist, in Josuttis' Worten, „Crappy Code": umständlich zu wartender, fehlerhafter Quellcode, der bei solide arbeitenden Softwerkern unweigerlich zu Gewissenskonflikten führen muss.

Konflikte sind vorprogrammiert, denn Entwickler und Manager leben oft in zwei wesensfremden Welten. Abgesehen von der Kleiderordnung und den grundverschiedenen Gesprächsthemen in der Kaffeeküche unterscheiden sie sich häufig auch im Verständnis der Zielsetzung eines Softwareprojekts. Dass „Qualität" geliefert werden soll, darin sind sich zwar alle Beteiligten schnell einig – doch worin manifestiert sie sich eigentlich? Für den Projektleiter zählt die Erfüllung der ausformulierten Kundenanforderungen. Die Abnahmeerklärung des Kunden krönt also das Projekt. Für den Kunden sind zusätzlich Attribute wie langfristige Stabilität und Wartungsfreundlichkeit des Systems wichtig. Darin drückt sich einfach zu formulierende, leicht messbare Qualität aus. Dagegen ist die für den Entwickler so wichtige Code-Qualität nur technisch versierten Insidern zugänglich. Dies bildet, in aller Kürze, den Ursprung vieler Konflikte zwischen Technik und Management.

Als ich in jungen Jahren die ersten Assembler-Zeilen auf meinem 1982er ZX81 schrieb (mit satten 64 KB Speicher und einem Thermodrucker!), lernte ich eines schnell: Für die Qualität des Endergebnisses zählt nicht nur der bloße, funktional korrekt ausführbare Output, sondern auch die Art (um nicht zu sagen: Kunst) der Programmierung. Vergleichbare Programme einiger meiner Freunde – die zum Teil noch heute Softwaretechnik unterrichten – waren kürzer, eleganter und performanter als meine eigenen (die man heute wohl „Hacks" nennen würde). Ich lernte, wie wichtig ein gründliches Detailwissen über die zu programmierende Maschine und das Betriebssystem ist. Es wurde mir aber auch klar, dass es eine kausale Beziehung gibt zwischen dem detailverliebten, Design-gestützten Stolz des Entwicklers und der durch den Endnutzer erfahrbaren Qualität des Endprodukts. Trotz der vorherrschenden Tendenz der letzten Jahrzehnte, Softwareentwicklung als Fließbandarbeit zu interpretieren und – analog dazu – erhebliche Effizienzsteigerungen zu erzielen, ist und bleibt der Softwareentwickler ein hochqualifizierter Handwerker, der seine Kreativität, seinen Fleiß und sein Berufsethos jeden Tag aufs Neue auf die Probe stellen muss und will.

Der handwerkliche Stolz erklärt die Emotionalität, mit der ein professioneller Entwickler die Code-Qualität ansieht. Da sind Details wie die Benennung von Variablen, verständliche Kommentare (oder gar „selbstkommentierender" Code) und die Vermeidung von „Spaghetti"-Code genauso wichtig wie die saubere Anwendung von Entwurfsmustern und eine stabile, erweiterbare, auf modernen Paradigmen basierende Architektur. Guter Code ist „schöner" Code. Doch was hat das mit der Qualität des Endprodukts zu tun?

Da Schönheit im Auge des Betrachters entsteht, ist diese Frage nicht einfach zu beantworten. Ich kenne keine Untersuchung, die belegen würde, dass schöner Code zu besseren (stabilen, Kunden-orientierten, wartungsfreundlicheren etc.) Produkten führt. Ich bin jedoch überzeugt, dass auch die subjektive Schönheit für die Gesamtqualität des Endprodukts eminente Bedeutung besitzt. Dieser Gedanke fußt nicht nur auf der Intuition eines alten Softwerkers. Er resultiert vielmehr aus der praktischen Beobachtung, dass ein Entwickler, der seinen Code nicht „liebt", seine Berufung womöglich verfehlt hat. Eine positive, emotionale Beziehung der Mitarbeiter zu ihren Aufgaben wird von unzähligen Managementgurus und einem Heer von Arbeitswissenschaftlern rund um den Globus als entscheidender Wettbewerbsvorteil erfolgreicher Unternehmen angepriesen. Ich sehe keinen Grund, diese These infrage zu stellen. Ein leidenschaftlicher Entwickler agiert um Längen effizienter und effektiver als einer, der sich unmotiviert durch seinen Arbeitstag quält.

Daraus folgt, dass sogar unter der Annahme, schöner Code hätte an und für sich nichts mit der Produktqualität zu tun, das Endergebnis direkt mit der Code-Ästhetik korreliert. Denn das Bestreben der Softwareentwickler, einen schönen Code zu produzieren, rechtfertigt die Erwartung, dass sie ein hochwertiges Produkt abliefern werden.

Wie steht es vor diesem Hintergrund um die Richtigkeit der „Crappy Code"-These? Unbestritten: Es wird industrieweit viel schlechter („hässlicher") Code produziert. Ich bin aber nicht der Meinung, dass wir die gesamte Softwareindustrie in Sippenhaft nehmen dürfen, denn nicht überall herrschen die gleichen Rahmenbedingungen. In einem Desktop-Produkt oder einer unternehmenseigenen ERP- oder CRM-Entwicklung kann man sich naturgemäß mehr Qualitätstoleranz leisten als in der Rüstungs- und Luftfahrtindustrie, wo schlechte Code-Qualität Menschenleben kosten kann. Standards wie CMMI oder SPICE schreiben Maßnahmen zur Sicherung der Design- und Code-Qualität vor. Es sind die nicht-funktionalen Anforderungen, die auf diese Art flankiert werden müssen: Performance, Stabilität, Pflegeleichtigkeit, sprich: die von Nicolai Josuttis – und vielen anderen Zeitgenossen der Beraterzunft – so vehement postulierte Nachhaltigkeit.

Interessanterweise zeigen sich gerade die Organisationen, die missionskritische Systeme entwickeln, auch an der Prozessqualität interessiert. Aus der vielbeschworenen Softwarekrise der 60er- und 70er-Jahre haben wir gelernt, dass die allseits gefürchtete Komplexität nicht nur im Quellcode lauert. Sie ist vielmehr längst auch ein verfahrenstechnisches Phänomen geworden. Großprojekte scheitern seltener an schlechter Quellcode-Qualität als an der ausufernden Komplexität der Arbeitsabläufe, einer ungeeigneten Kommunikationsstrategie und den daraus resultierenden, schwer beherrschbaren Risiken. Es ist klar geworden, dass die Code-Qualität nicht in einem luftleeren Raum entstehen kann; Sie muss in einen geeigneten Prozess eingebettet sein.

Kostet diese Qualitätssicherung Geld? Natürlich. Sollte das Controlling an der Code-Qualität sparen? Als Entwickler sage ich: auf keinen Fall! Als Manager meine ich jedoch: Das hängt vom Projektziel ab. Wir müssen uns mit dem Diktat der ökonomischen Realität arrangieren. Softwareentwicklung ist nun einmal keine Kunst – Softwareentwicklung ist Handwerk. Wir sollten uns endlich von der Vorstellung verabschieden, Software sei ein Selbstzweck und der Entwickler ein Künstler (ich erinnere mich noch an meine frühen Entwicklerjahre, als ein Kunde mich beinahe verprügelte, als ich betonte, Softwareentwicklung sei eine Kunst – Künstler werden in der Wirtschaft anscheinend wenig geschätzt). Die Erwartungshaltung ambitionierter Entwickler an ihren Beruf sollte unbedingt einem Reality Check unterzogen werden. Folgende Thesen helfen dabei:

SIEBEN THESEN FÜR PRAGMATISCHE SOFTWAREENTWICKLUNG

1. Software ist ein Mittel zum Zweck.
2. Laufzeitstabilität ist wichtiger als Code-Qualität.
3. Produktqualität ist wichtiger als Laufzeitstabilität.
4. Kundenzufriedenheit ist wichtiger als objektive Produktqualität.
5. Kunden sind wichtiger als Entwickler.
6. Entwickler sind wichtiger als IT-Projektmanager.
7. IT-Projektmanager sind wichtiger als Projektcontroller.

Es wird immer Projekte geben, die sich kurzfristige Ziele setzen, wodurch die Qualität dem Controlling leicht zum Opfer fällt. Für Entwickler, die ihren Code lieben und ihn schön, performant und nachhaltig gestalten möchten, wird sich jedoch immer das richtige Projektumfeld finden lassen, wenn sie gezielt danach suchen. Entscheidend ist die strategische Projektzielsetzung, die sich in der Code-Qualität direkt niederschlägt. Fairerweise sollten alle Beteiligten diese strategische Ausrichtung von vornherein kennen; so wird der vorprogrammierte Frust über den „Crappy Code“ vermieden.

SOFTWAREDESIGN MUSS SCHÖN SEIN

Unter den Softwerkern wird viel über „schönes Design" geredet. Gutes Design, schönes Design – im Gegensatz zum hässlichen, pragmatischen Design. Muss Software schön sein?

Softwaredesign ist eine schwierige Herausforderung. Man sieht es nicht. Man riecht es nicht. Ob schöne Entwurfsmuster benutzt wurden oder eben halbfertige Open-Source-Module mit dreckigem Code zusammengeschustert wurden – das entgeht der Aufmerksamkeit des Kunden.

Doch ich glaube, Software kann schön sein. Mehr noch: Gute Software <u>muss</u> schön sein. Ich erinnere mich noch an mein Grundstudium an der RWTH Aachen, als Professor Nagl seine Vorlesungen über Softwaredesign hielt. So hießen die Veranstaltungen zwar nicht – aber sie waren es. Damals entwickelte ich leidenschaftlich Shareware für den Amiga-Computer, arbeitete bereits in verschiedenen kommerziellen Projekten und war stolz auf meinen Code. Doch plötzlich erschienen mir meine Code-Passagen nicht mehr so schön. Sie waren nicht ordentlich gekapselt, die Schnittstellen nicht durchdacht und die Funktionalität großzügig „verschmiert" über verschiedene Module. Mein Design war hässlich.

Und es war unpraktisch. Die Wartung fiel schwer, Erweiterungen gestalteten sich aufwendig und umständlich. Ich setzte mich hin und führte ein rigoroses Redesign durch. Es war zeitraubend und größtenteils unbezahlt, aber in der Zeit lernte ich eine Menge darüber, wie man robuste Software entwirft, die beinahe wartungsfrei bleibt.

Und das neue Design war schön. Zumindest viel schöner als das alte. Doch war die Software dadurch auch besser geworden? Ist der Rückschluss erlaubt, dass ein „schönes" Design bessere Software ausmacht?
Ich bin fest überzeugt, dass ein schönes Design gute Software auszeichnet. Vermutlich ist der Rückschluss nicht zulässig, à la „Schönes Design führt zur besseren Software". Doch ist die Schönheit des Designs zwar keine hinreichende, aber eine notwendige Bedingung für gute Software, und das aus folgenden Gründen:

- Schönes Design bedeutet in der Regel klare Datenkapselung, saubere Schnittstellen und performante Algorithmen und Datenstrukturen. Die Fähigkeit, diese Art von Schönheit zu erkennen, wird an jeder anständigen Universität eingetrichtert.
- Schönes Design kann nur von Experten erzeugt werden, die ihr Handwerk lieben. Jemand, der seinen Job als Softwareentwickler nicht mag, wird selten ein tolles Design entwickeln. Im Umkehrschluss bedeutet dies, dass ein Produkt, das schön entworfen ist, von überdurchschnittlich leistungsfähigen Experten entwickelt wurde. Das lässt auf die gesamte Qualität der Software rückschließen.

Alle mir bekannten Erfahrungswerte sprechen stark dafür, dass schönes Softwaredesign zu guten Produkten führt. Es ist daher wichtig, das Softwaredesign nicht dem Zufall zu überlassen. Wenn es nicht frühzeitig unter die Lupe genommen wird, zum Beispiel durch qualifizierte Reviews und systematische Überprüfung, dann ist das für ein jedes Softwareprojekt ein Risiko, das kein Projektmanager eingehen muss oder sollte.

Schönheit ist in der Technologie eben kein Firlefanz und kein Gelaber vermeintlich neurotischer Software-Divas; sie ist ein Qualitätsmerkmal.

MANAGEMENT UND LEADERSHIP

WARUM MANAGER NICHT RICHTIG ARBEITEN DÜRFEN

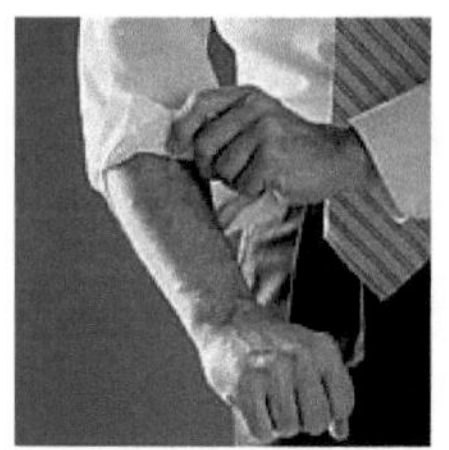

Was macht eigentlich unser Chef den ganzen Tag lang? Er könnte ja ruhig mal mit anpacken, hier wird schließlich richtig gearbeitet!

Schlecht ist es um den Ruf der Managerzunft bestellt. Die letzten Krisen haben immer wieder eklatante Negativbeispiele hervorgebracht: Worldcom, Enron, Comroad – die zahlreichen Skandale und Affären der letzten Dekade haben das Ansehen der Chefetage nachhaltig beschädigt. Steuerhinterziehungen, Diebstahl, Betrug, Veruntreuung der Investorengelder – es wurde vor keiner Gaunertat zurückgeschreckt.

Die Managerzunft steht daher zunehmend im Scheinwerferlicht der Kritik. Auch Projektmanager sind betroffen. Die Kunst der Führung und der Organisation wird neuerdings weniger geschätzt. In der Folge erwarten die Teammitglieder, dass ihr Manager selbst mit anpackt; andernfalls wird er mit der Frage konfrontiert, was er eigentlich Wesentliches zum Erfolg beitrage.

Sollte der Projektmanager also den Compiler anwerfen und mit in die Entwicklung einsteigen? Das könnte er oft sogar tatsächlich, insbesondere dann, wenn er aus der Entwicklung ins Management befördert wurde. Ein Aufstieg aus den eigenen Reihen stellt eine der schönsten Formen der Anerkennung dar. Er wird zum Ansporn für alle: Man wird für Leistung und Loyalität belohnt. Die Gefahr ist in solchen Fällen jedoch besonders groß, dass der frisch gebackene Manager wieder in der Softwareentwicklung versinkt.

Softwareentwicklung – eine Aufgabe mit Suchtpotenzial

Es ist daher erfahrungsgemäß schwer bis unmöglich, die Rollen eines Softwareentwicklers und eines Projektmanagers zu vereinen. Wichtige Gründe sprechen dagegen.

Erstens, Softwareentwicklung ist eine intellektuell äußerst absorbierende Tätigkeit, die man nicht ohne erhebliche "Reibungsverluste" abwechselnd mit Managementaktivitäten ausüben kann.

Zweitens, eine ständige Beschäftigung mit Details verdeckt oft die Sicht auf die Gesamtheit der Lösung.

Drittens, das Perfektionsstreben, die Tugend eines Entwicklers, kann ihm bei pragmatischen, erfolgsentscheidenden Ansätzen im Wege stehen.

Am gefährlichsten aber wirkt die verlockende Natur der Softwareentwicklung. Sie ist eine erstaunlich dankbare Aufgabe. Ein Softwareentwickler hat einen klaren Auftrag zu erfüllen und kann sich über kurzfristig sichtbare Erfolgserlebnisse freuen. Ist eine Entwicklungsaufgabe erfolgreich erledigt, schüttet der Körper Endorphine aus, die Glückgefühle hervorrufen. Das führt zu einer positiven Rückkopplung – und ist Sucht erzeugend.

Ein Projektmanager dagegen muss lange Fruststrecken durchhalten können. Es besteht bei einer Doppelrolle die Gefahr, dass man lieber entwickelt und die Managementpflichten – die Mühen der Ebene – absichtlich verdrängt und sträflich vernachlässigt.

Das Managerdasein ist von einem langen und ständigen Ringen mit der unberechenbarsten aller Variablen – dem Verhalten seiner Artgenossen – geprägt. Dafür muss man über enormes Durchhaltevermögen verfügen. Der lange Atem eines Projektmanagers ist das Ergebnis harter Arbeit, einer gefestigten Persönlichkeit, einer profunden Erfahrung und einer guten Ausbildung. Immerhin ist er für den Erfolg eines Projekts mit allen seinen Höhen und Tiefen letztendlich entscheidend.

Eine Beförderung in eine Managementposition muss nicht als Geschenk des Himmels wahrgenommen werden. Ich kenne Entwickler, die zu Managern befördert wurden, aber bald wieder freiwillig in die Entwicklung zurückkehrten – sie bevorzugten es, „konkrete Ergebnisse" zu produzieren, wie sie sagten. Der Verzicht auf das Glückgefühl, das ein Entwickler erfährt, wenn ein Stück Code schön designt und ausgeliefert wurde, ist eben ein hoher Preis für eine Beförderung.

Der Projektmanager darf nicht „richtig arbeiten"

Wenn man also unter „richtiger Arbeit" eine konkrete Entwicklungstätigkeit versteht, dann darf der Manager auf keinen Fall „richtig arbeiten"; er muss eben „managen", andernfalls besteht die ernsthafte Gefahr eines Rückfalls in die Vollzeitentwicklung. Und dann wäre das Team führungslos. Projektplanung, Projektcontrolling und – vor allem – Risikomanagement und Kommunikation mit „Stakeholdern" sind Aufgaben, die sich nicht von selbst organisieren und erledigen. Diese Obliegenheiten sind teils abstrakt, fast immer mühsam und oft nervenzerrend; zugleich muss sie jemand erledigen, der alle harten und weichen Fakten kennt. Und das kann in nichttrivialen Projekten mit festen Budget- und Terminvorgaben in der Regel nur eine einzelne Person sein: der Projektmanager.

Meine Überzeugung ist übrigens, dass ehemalige Entwickler, die auf diesen „Coding-Kick" freiwillig verzichtet haben, zu den besten Projektmanagern zählen. Ein idealer Vertreter dieser Zunft kennt alle – oder zumindest die meisten – Bereiche der Softwareentwicklung aus eigener Erfahrung: von Konfigurationsmanagement bis zum Projektcontrolling. Wer dann noch die richtigen Führungsqualitäten entwickelt, kann sich zur Elite rechnen. Man darf ihn jedoch auf keinen Fall mehr programmieren lassen; er soll sich auf seine eigentliche Aufgabe konzentrieren: das Projekt zum Erfolg führen. Damit allein wird er 120 Prozent Auslastung fahren – auch ohne „richtig zu arbeiten".

Projektmanagement ist in der Tat Arbeit – sogar richtig harte und mühevolle Arbeit. Schwarze Schafe gibt es überall, auf allen Ebenen einer Organisation, aber es ist nicht hilfreich, dies als Killerargument zu missbrauchen. Das bedeutet aber wiederum auch nicht, dass man sich die sprichwörtliche Managerarroganz leisten darf, nur weil man Budgetverantwortung trägt – stets eine schwierige Gratwanderung.

Aber wenn's einfach wäre, könnte es ja jeder machen.

IM WÜRGEGRIFF DER MATRIX

Matrixorganisationen sind „State of the Art". Sie liefern bei Restrukturierungen einen weitverbreiteten Ansatz und lassen sich aus der Unternehmenswelt kaum mehr wegdenken. Und sie bringen Ihre Firma um.

Was ist eine Matrixorganisation? Eine Matrixorganisation – kurz „Matrix" – ist ein Organisationskonzept, bei dem sich verschiedene fachliche Bereiche systematisch die gleichen Ressourcen und Zuständigkeiten teilen.

Man könnte sich beispielsweise vorstellen, dass Produkt-, Technologie- und Managementbereiche eine multidimensionale Matrix bilden.

Das Konzept erscheint sinnvoll und vernünftig, und es bedient sich in seiner ursprünglichen Version einer zweidimensionalen Matrix, die bösen Gerüchten zufolge die maximal akzeptable Management-Abstraktion darstellt. Da jedoch die Komplexität der modernen Geschäftswelt immer weiter voranschreitet, genügen zwei Dimensionen nicht mehr, und der Trend geht zu multidimensionalen Matrixorganisationen.

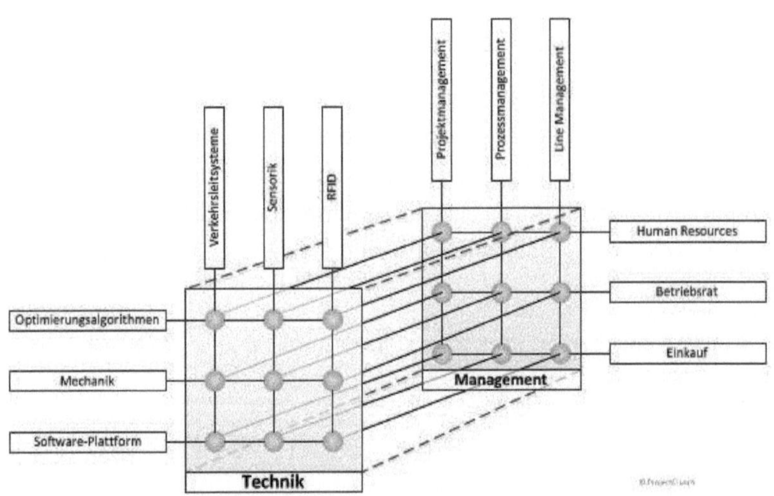

Abbildung 1 Eine multidimensionale Matrixorganisation

Die Vorteile der Matrix scheinen auf der Hand zu liegen: gemeinsame Nutzung von Ressourcen und bessere Verteilung des Wissens in der Organisation. Doch die scheinbare Einfachheit der Lösung trügt. In den kleinen Matrix-Kästchen befinden sich nämlich keine abstrakten Kreuzchen, sondern Personen aus Fleisch und Blut, die in einem solchen Gebilde zwangsläufig an mehrere Chefs gleichzeitig berichten müssen. Daraus ergibt sich eine Vielzahl von Risiken und Nebenwirkungen.

Zwei davon sind als besonders verhängnisvoll einzustufen: unscharfe Zuständigkeiten und Veränderungsresistenz.

1. Unscharfe Zuständigkeiten

Kann man zwei Göttern dienen? Organisatorischer Polytheismus funktioniert nicht. Betroffene Mitarbeiter werden sich immer nach dem Stärkeren richten, denn das ist für ihr berufliches Fortkommen stets die richtige Entscheidung. Die „stärkeren" Matrix-Herrscher schreiben Jahresziele und Abteilungsregeln vor, die in den gemeinsamen Matrixzellen den „schwächeren" Mitspielern das Wasser abgraben. Diese organisatorische Achillesferse ist weder theoretisch noch praktisch behebbar, denn es geht um persönliche Vorteile von Funktionsträgern, und diese sind psychologisch den – aus Not in Matrixorganisationen entstandenen – Appellen an das kollektive Bewusstsein am Ende immer überlegen. Sämtliche „Policies", „Grundwerte", „Strategien", „Claims" etc. kosten dabei nichts als Geld und bringen wenig Besserung. Auch die berüchtigten Tschaka-Tschaka-Reden und motivierende Teambildungsmaßnahmen helfen – wenn überhaupt – nur vorübergehend. Effektive Führung in einer Matrix gestaltet sich sehr schwierig, denn Führung (= Veränderung) und Matrix (= Veränderungsresistenz) verhalten sich zueinander wie natürliche Feinde.

2. Veränderungsresistenz

Matrixorganisationen sind ein Kind der 60er- und 70er-Jahre, als Mitarbeiter noch oft ihr ganzes Leben in derselben Firma arbeiteten und nach der Dauer ihrer Betriebszugehörigkeit befördert wurden. Das typische Unternehmen war eine ineffiziente Bürokratie, in der es vorrangig darum ging, den Status quo zu erhalten und ehrgeizige Einzelgänger im Zweifel in die Schranken zu weisen. In einer Matrixorganisation wird jeder von mindestens vier Augen kontrolliert – und bei Bedarf umgehend ausgebremst. Daher sind Matrixorganisationen sehr gut darin, repetitive Vorgänge risikoarm und langfristig nach dem gleichen Muster zu gestalten.

Matrixorganisationen sind moderne, Technologie-affine Projekte wesensfremd. Jedes Projekt mit dem Ziel, ein neues Produkt zu erstellen, bedeutet nämlich unweigerlich eine risikobehaftete Veränderung. Eine typische, risikoscheue, auf Beständigkeit ausgerichtete Matrixorganisation tut sich mit Projekten daher sehr schwer. SEHR schwer. SEHR, SEHR, SEHR schwer. Sie können es einfach nicht, basta. Warum? Weil sie es eben nicht WOLLEN.

Im Würgegriff der Matrix

Unklare Zuständigkeiten und Veränderungsresistenz korrelieren und verstärken sich mit der Zeit gegenseitig. Während eine Verwaltungsbürokratie diesen Zustand lange unbemerkt durchhalten kann, leidet eine Produktentwicklungsorganisation rasch unter der intrinsischen Unbeweglichkeit der Matrix-Struktur. Von der Chefetage aus gesehen ist die Welt scheinbar in Ordnung, doch in den einzelnen Projekten wächst die Verzweiflung, denn da geschieht Folgendes:

- Das Interesse der Projektmitarbeiter am Projekterfolg erreicht seinen Höhepunkt am Tag des Kick-offs. Tendenz danach: fallend.
- Wichtige (obwohl häufig ungeliebte) Projektaufgaben bleiben unerledigt und niemand kümmert sich darum. Folge: Das Projekt versinkt im Chaos.
- Für die Erreichung der Projektziele ist immer jemand anderes zuständig (je nachdem, wen man fragt). Folge: Es platzt ein Termin nach dem anderen, inklusive Kunden- und Zulieferer-Deadlines.
- Für die geplatzten Termine ist niemand verantwortlich. Niemand hat Schuld, wenn die Produktqualität nicht stimmt. Folge: Aus gerissenen Terminen und teils peinlichen Pannen wird nicht gelernt.
- Projektleiter, die für das Projektergebnis alle Verantwortung, aber über ihre Ressourcen keine Befugnis haben, suchen auf „kurzen Dienstwegen" quer durch die ganze Organisation fieberhaft nach Verbündeten, die ihnen bei der Ressourcenbeschaffung helfen können. Es werden immer mehr Mitarbeiter ins Projekt gebracht. Diejenigen, die ihrer Aufgabe nicht gewachsen sind, können aber nicht aus dem Projekt entfernt werden und bleiben im Projektbudget. Folge: anhaltende Kostenexplosion.
- Wegen der Trägheit und des Zuständigkeitsvakuums werden „Task Forces" gebildet, die in Nacht-und-Nebel-Aktionen lange liegen gebliebene

Aufgaben nach dem Muster „quick and dirty“ erledigen. Folge: kurzfristige Lösungen, langfristige Probleme.

Pervers erscheint dabei die Erkenntnis, dass es auch mal gut gehen kann. Wenn mit Verspätung und Ach und Krach geliefert wird, ist die Erleichterung groß, und für einige wenige Projektmitarbeiter bringen Chaos-Projekte persönliche Vorteile. Am Ende werden nämlich die größten Helden der turbulentesten Task Forces in die Linie befördert, denn der „volle Einsatz“ muss ja belohnt werden. Die Folge davon ist natürlich, dass der dramatische Einzelfall dadurch zum Standardvorgehen in der Organisation gekürt und so auf Dauer zementiert wird.

Bei einem Nicht-so-happy-End dagegen wird der völlig ausgebrannte Projektleiter einfach für unfähig erklärt und gefeuert. Nun kann das Ganze beim nächsten Mal nach dem gleichen Muster von vorn losgehen.

Matrix muss nicht sein

Das war natürlich alles nie so gewollt. Kein Unternehmenslenker macht so etwas mit Absicht. Oftmals liegt es an seinem Umfeld: Mitarbeiter, die nichts anderes kennen, Berater, die einfach nach Machtverhältnissen beraten, Unkenntnis der Kehrseite einer Matrixorganisation.

Doch es geht auch anders – Matrix muss wirklich, WIRKLICH, nicht immer die beste Lösung sein. Es gibt tatsächlich Organisationen, die aus ihrer leidigen Vergangenheit gelernt haben und ihre gesamte Struktur um Projekte herum aufbauen. Die tragenden Rollen dieses Modells stellen Produkt- und Projektmanager dar.

Die Rolle eines Projektmanagers zeichnet sich dadurch aus, dass sie innerhalb des Projekts die absolute Macht besitzt. Ein Projektmanager trägt die volle (persönliche) Verantwortung für das Projektergebnis, er verfügt aber auch vollständig über seine Ressourcen. Projektmitarbeiter werden dem Projektmanager vollständig unterstellt. So kann er selbst entscheiden, wer die nötige Qualifikation benötigt, um bestimmte Projektaufgaben mit möglichst wenig Personal (also effizient) möglichst zielgerichtet (also effektiv) umzusetzen. Es gibt keine unklaren Verantwortlichkeiten mehr, kein Zögern, kein fahrlässiges Liegenlassen wichtiger Projektaufgaben und – hoffentlich – auch keine Task Force im späteren Projektverlauf.

Natürlich stellt eine vollständig Matrix-freie Projektorganisation eine unrealistische Wunschvorstellung dar. Denn schließlich wird es weiterhin Competence Center, HR-Abteilungen, Einkauf etc. geben, die allen Bereichen zur Verfügung stehen. Eine gute Lösung ist es hierbei, die Organisation nicht als Matrix zu begreifen, sondern als einen Graphen. Die Beziehung von Mitarbeiter zum Einkauf zum Beispiel muss nicht über Matrix-Kanten gehen, sie kann direkt erfolgen.

So könnten die Knoten dieses Graphen aussehen:

- Projektmanagement
- Produktmanagement
- Einkauf
- Personal
- Fachliche Expertenpools (bitte nicht etwa „Humanressourcen-Pools" – das hört sich entwürdigend an)

Klare Zuständigkeiten, sauber definierte Rollen, unverfälschte Zielsetzungen prägen eine solche Organisation. Da macht es Spaß, etwas zu bewegen, denn es LÄSST sich dann viel bewegen. Projekte können auf Expertenpools zurückgreifen, wenn sie Unterstützung benötigen, und können überflüssig gewordene Experten wieder in entsprechende Expertenpools zurückgeben. Die gefürchtete „Linie" hat im Projekt wenig zu suchen. Es handelt sich um eine schlagkräftige Projektorganisation, in der Zuständigkeiten eindeutig geklärt sind und die Projektmanager volle Verantwortung für den Projekterfolg tragen, zugleich aber auch die uneingeschränkte Weisungsbefugnis über ihre Projektteams erhalten.

Regelbasierte Unternehmensorganisation

Eine so stark auf Projekte ausgerichtete Organisation mag ängstigen. Was machen die Mitarbeiter, die gerade in keinem Projekt sind? Haben die Projektmanager nicht zu viel Macht? Wie kann eine solche Organisation eine konsistente Strategie umsetzen?

Ich behaupte, ohne es aus Gründen der Platzknappheit weiter zu vertiefen, dass dies besser funktioniert als in einer starken Matrixorganisation. Denn die so oft beschworene „Agilität" kann am besten in einem Graphen und am schlechtesten in einer Matrix abgebildet werden. Da jedoch eine Graphen-Organisation offenbar sehr viele Freiheitsgrade aufweist, muss es eindeutige Handlungsvorgaben geben, die in jedem Kontext befolgt werden können und müssen.

Es sollte ein Regelsatz erarbeitet werden, der dazu genutzt wird, die Verantwortung von der Unternehmensspitze bis ins kleine Teilprojekt erfolgreich und ohne Mikromanagement sehr effektiv zu delegieren. Ich schrecke vor dem Wort „Prozess“ inzwischen zurück, da es den falschen Eindruck erweckt, es handele sich um einen bürokratischen Ansatz. Der Begriff „Prozess“ erinnert außerdem an traditionelle Fließband-Betriebe, die traditionell starre Matrixorganisationen sein müssen. Eine deutlich bessere Überschrift wäre „Managementsystem“. Dieses Managementsystem muss ergebnisorientierte Handlungsvorschriften und Qualitätssicherungsmaßnahmen definieren, die jeder im Unternehmen (und speziell im Projekt) befolgt. Es ist ein Regelwerk, das keine Matrix benötigt oder bedingt (ihr aber nicht unbedingt widerspricht).

Solch ein regelbasiertes Unternehmen kann sich flexibel und schnell auf neue Projekte konzentrieren. Auch wenn in einer regelbasierten Organisation Projekte naturgemäß scheitern können, so sind sie wenigstens nicht von vornherein dazu verdammt, zu einer Task Force zu degenerieren.

MANAGER VS. ENTWICKLER – EIN VERMEIDBARER DAUERKONFLIKT

Entwickler halten ihre Manager oft für ahnungslose Dummschwätzer. Im Gegenzug sehen viele Manager in ihren Entwicklern „faule Künstler“ und übersensible Divas. Das kann so nicht weitergehen.

In meiner beruflichen Praxis erlebe ich immer wieder eine riesige Kluft, die ziemlich genau zwischen der Entwicklungsabteilung und der Managementetage klafft. Es entsteht manchmal der Eindruck, als wollten sich Entwickler und Manager nur unter Sachzwang begegnen: in Statusmeetings, in den dann noch gern aneinander vorbeigeredet wird. Dieses Phänomen ist nicht auf das Linienmanagement beschränkt – auch Projektmanager werden von ihren Softwareentwicklern häufig zum „feindlichen Lager" gezählt.

Bereits bei einfachen Problemstellungen des alltäglichen Berufslebens zeigen sich Manager ratlos, wenn ihnen ihre „Techies" Präsentationen zeigen, die eher an (mitunter schlechten) C++-Programmierstil als an Managementfolien erinnern. Entwickler wundern sich dann gerne, was an einer technisch detaillierten, aus ihrer Sicht trivialen Vorlage unklar sein soll. Der Unterschied wird noch klarer, wenn man einen herausragenden Softwareentwickler ins Management befördert. Schnell brennt dann der bisherige Top-Performer aus, wenn er grundlegende Spielregeln nicht beherrscht, wie Delegation, Führung und Kontrolle.

Worin liegt nun eigentlich die Grundursache dieses unsäglichen Misstrauens, dieser täglich aufs Neue entstehenden Missverständnisse, durch die Projektkosten explodieren, Meilensteine reihenweise kippen und verzweifelte Projektmitarbeiter in Scharen innerlich kündigen?

Management und Software sind affine Themengebiete

Meines Erachtens besteht das Problem nicht darin, dass Technik abstrakter wäre als Management – oder umgekehrt, je nach Perspektive. Was der jeweiligen Person trivial erscheint, entpuppt sich im Detail oft als hoch anspruchsvoll. Eine komplexe Softwarelösung wird zwar in der Regel Zeile für Zeile entwickelt, jedoch stellt das übergreifende Design eine extrem anspruchsvolle Tätigkeit dar. Auf der anderen Seite mag ein simples Mitarbeitergespräch als läppische Herausforderung erscheinen, und doch ist die Aufgabe, die soziale Dynamik im Detail und im Ganzen zu überblicken und zu kontrollieren, strategische Unternehmensziele mit dem Tagesgeschäft abzustimmen etc., sehr komplex.

Es liegt auch nicht daran, dass Management weniger wissenschaftlich wäre als die Softwaretechnik. Beide Seiten haben das Problem, keine streng naturwissenschaftlichen Disziplinen auszuüben. Allgemeingültige Lösungen sind daher in beiden Fällen rar. Die Anzahl der Publikationen spiegelt den Umstand wieder. Gibt man bei Amazon den Begriff „Management“ ein, findet man knapp 70.000 Bücher. Interessanterweise bringt es der Begriff „Software“ ebenfalls auf 70.000 Treffer. Wenn Management eine triviale Disziplin wäre, dann wären die meisten dieser Bücher überflüssig. Gleiches gilt selbstverständlich für das riesige Themengebiet Software und Softwareentwicklung. Eine Verknüpfung dieser beiden Themen, wie sie in Softwareprojekten stattfindet, muss unweigerlich eine enorme Komplexität ergeben.

Ein Problem der Kommunikation

Es liegt kein inhaltliches, sondern vielmehr ein soziales, kommunikatives Problem vor. Wegen der diffusen Ähnlichkeiten, die Management und Softwaretechnik verbinden, ist die Anspruchslage der Vertreter der jeweiligen Zunft ähnlich stark ausgeprägt und ähnlich schwach objektiv fundierbar. Ob Management-by-Objectives andere Managementtechniken aussticht, ist ebenso schwer zu beweisen wie der Vorteil Use-Case-getriebener Softwareentwicklung gegenüber der traditionellen, funktionalen Dekomposition. Gleichzeitig liegt es an der natürlichen Teamdynamik, dass einzelne Teammitglieder Führungsanspruch erheben, und zwar unabhängig von ihren fachlichen (Management vs. Softwaretechnik) Präferenzen. Da Manager jedoch in der Regel organisatorisch das letzte Wort haben, führen Streitereien über prinzipiell einfache Problemstellungen letztendlich zu suboptimalen, frustrierenden Entscheidungen.

Derartige Konflikte und ihre Folgen können wir uns nicht mehr leisten. Der wachsende, demographisch bedingte Fachkräftemangel in der Softwareindustrie sollte alle Beteiligten dazu bewegen, endlich die Grabenkämpfe einzustellen und ernsthaft darüber nachzudenken, wie eine kooperativere, zielgerichtete Zusammenarbeit effektiv gefördert werden kann. Auch können wir uns angesichts des wachsenden globalen Konkurrenzdrucks nicht mehr erlauben, 60-70 Prozent unserer Softwareprojekte scheitern zu lassen. Das Problem kann nicht in einer Atmosphäre aus Misstrauen und Frustration erfolgreich angepackt werden.

Es mag banal anmuten, aber es ist an der Zeit, dass wir alle anfangen, ehrlich und offen miteinander zu reden. Wir brauchen mehr Professionalität im Umgang mit fachfremden Kollegen und Kolleginnen. Oft fällt es den Managern schwer einzugestehen, dass ein Entwickler bei operativen oder gar strategischen Themen auch einmal richtig liegt. Umgekehrt ist ein technisch versierter Manager den Entwicklern grundsätzlich suspekt, weshalb seine Technik-bezogenen Einwände auf der „Entwickleretage“ kaum Beachtung finden. Es gibt jedoch keinen objektiven Grund für derartige Vorurteile. Ich kenne selbst Softwareexperten, die hervorragende Projektmanager wurden, und Projektmanager, die ihre technischen Kenntnisse soweit vertieft haben, dass sie über technische Details fundiert diskutieren und bei Bedarf auch Code-Reviews durchführen können.

In den vergangenen Jahren führten anschwellende Konflikte zwischen den IT-Abteilungen und ihren internen Kunden immer wieder dazu, dass man die IT als nicht dem Kerngeschäft zugehörig einstufte und ganze Bereiche an Fremdanbieter auslagerte. Dass Offshoring noch häufiger scheitert als interne Entwicklungsprojekte, ist aber kein Zufall. Wenn Manager ihre internen Entwickler nicht respektieren, werden ausländische Experten noch weniger Gehör finden. Man kann solche Probleme nicht durch ihre Auslagerung lösen. Offshoring mag in bestimmten Konstellationen sinnvoll sein, es trägt aber kaum dazu bei, dass Geschäftsanforderungen besser in Softwarefeatures übersetzt werden.

Auch die mancherorts herrschende Vorstellung, dass „richtige“ Prozesse und ein hoher Reifegrad die Kluft zwischen Business und IT schließen könnten, ist eine Illusion. Eine vertrauensvolle Zusammenarbeit lässt sich nicht durch ein ausgeklügeltes, durchdachtes, wohlbeschriebenes und gut durchorganisiertes Managementsystem ersetzen. Im Gegenteil – wenn das gegenseitige Verständnis das Grundübel ist und bleibt, verschlimmert man die Situation nur noch weiter. Denn zu den Managern und Entwicklern kommen dann noch die Prozessexperten (die oft unter dem Sammelbegriff „QA“ agieren) als geschlossene Interessengruppe hinzu. Der „auf dem Papier“ erreichte, hohe Reifegrad entpuppt sich in einem solchen Umfeld schnell als Papiertiger.

Maßnahmen ergreifen

Es bringt aber auch nichts einfach zu warten, bis sich das Problem von alleine erledigt. Eine dynamische, flexible und effektive Koexistenz von IT und Business muss aktiv auf beiden Seiten gefördert werden. Dazu folgende Empfehlungen:

Überprüfen Sie die Karrierepfade in Ihrem Unternehmen

Es geht nicht an, dass Entwickler zu Managern gemacht werden müssen, damit sie für ihre Leistung besser entlohnt werden. Manche Techniker wollen das gar nicht, sie sind ja nicht ohne Grund Techniker und nicht Manager vom Fach. Daher muss eine Expertenkarriere (etwa vom Junior-Entwickler bis zum Senior-Architekten) möglich sein und mit substanziellen Einkommensverbesserungen einhergehen.

Bilden Sie Entwickler zu IT-Managern aus

Wenn ein IT-Mitarbeiter ins Management wechseln soll, darf der damit verbundene Fortbildungsaufwand nicht unterschätzt werden. Folgende Sequenz von Aktivitäten erscheint sinnvoll:

1. **Aufklären, was Management bedeutet**. Dass die Arbeit als Manager sich nicht in entspannten Meetings und einem besseren Einkommen erschöpft, wird nicht immer im Vorfeld erkannt. Wenn frisch gebackene Manager dies erst später erkennen, ist Frustration vorprogrammiert. Angehende Manager müssen sich darüber im Klaren sein, dass sie künftig – im Unterschied zu ihrer bisherigen Tätigkeit im technischen Bereich – interessante, technische Tätigkeiten vollständig delegieren, auch mal unpopuläre Maßnahmen durchsetzen, langfristige Planung betreiben, geschickt auftreten und generell mit der sogenannten „Politik" vorlieb nehmen müssen.
2. **Management-Skills schulen**. Wenn klar ist, was der neue Job als Manager bedeutet, wird auch offensichtlich, dass dabei Fähigkeiten benötigt werden, die bisher nicht vonnöten waren. Es mag Naturtalente geben, die keine besondere Vorbereitung benötigen, doch die überwiegende Mehrheit der angehenden Manager muss geschult werden. Rhetorik, Mitarbeiterführung, Managementbegriffe und -werkzeuge – das sind Kompetenzen, die gelernt werden wollen.
3. **Coachen**. Erst in der Praxis stellt sich heraus, wie gut das Gelernte in der Realität funktioniert. Im Alltag müssen komplexe Entscheidungen getroffen, Krisen bewältigt, Konfliktsituationen gemeistert sowie Netzwerke aufgebaut und gepflegt werden. Es wäre nicht fair, frisch gebackene Manager in solchen Situationen alleinzulassen. Professionelles Coaching und Mentoring ist dringend geboten.

4. **Rückkehr in die Technik ermöglichen**. Auch die beste Vorbereitung und ein intensives Coaching können im Einzelfall nicht verhindern, dass ein Management-Einsteiger nach einiger Zeit zu der Überzeugung kommt, dass dieser Job nicht der richtige für ihn ist. Daher sollte die Unternehmenskultur optimaler Weise einen Umstieg zurück in die Technikwelt ohne erhebliche Nachteile für die betroffenen Mitarbeiter ermöglichen. Die bereits erwähnte fachliche Aufstiegsoption (Entwickler-Designer-Architekt etc.) sollte daher unbedingt vorhanden sein.

Bilden Sie Manager zu IT-Managern aus

Die Regel „Egal was, ich kann's managen" gilt gerade in einem IT-geprägten Umfeld zumeist nicht uneingeschränkt. Es mag stimmen, dass zum Beispiel ein Bauprojekt in vielerlei Hinsicht einem IT-Projekt ähnelt, insbesondere was Projektmanagement-Werkzeuge betrifft, jedoch gestaltet sich der Umgang mit IT-Leuten grundlegend anders. Manager, die aus anderen Unternehmensbereichen kommen, müssen lernen, wie ein IT-ler „tickt", andernfalls sind Missverständnisse und harte Konflikte vorprogrammiert.

1. **Grundlagen lernen**. „Was man nicht messen kann, kann man auch nicht managen", sagte der Management-Guru Peter Drucker gerne. Heute würde er vielleicht hinzufügen: „Was man nicht versteht, kann man auch nicht managen". Es hilft nichts – Ihre Manager müssen mehr von IT verstehen. Sie müssen zum Beispiel wissen, was Softwaredesign und wie komplex Softwaresysteme sind, warum sich IT-Experten so oft verschätzen und welche Rolle die IT überhaupt im Geschäftsleben heutzutage spielt.
2. **Trends verstehen**. Die moderne IT-Welt ist voller Hypes. EAI, SOA, OOP, MDA, CMMI, SPICE, ITIL – dies ist ein A.R.E. (Acronym-Rich Environment) par excellence. Diese Begriffe sind für den Manager häufig ebenso unverständlich und fremd wie zum Beispiel MBO, BSC, MBWO, SWOT und TQM für den Entwickler. Als Manager sollte man den IT-Wortschatz verstehen und außerdem begreifen, warum Entwickler für Hypes und Modeerscheinungen ähnlich anfällig sind wie Manager für Managementhypes. Das Muster ist ähnlich, die Inhalte jedoch sehr unterschiedlich. Man kann diese Themen nicht ignorieren,

andernfalls werden riskante Technologie- und Verfahrensentscheidungen getroffen. Damit die Teamdynamik beherrschbar bleibt, muss ein vernünftiger Umgang mit IT-Hypes gelernt werden.

3. **Coachen**. Der Manager-Frust über ihre unbeherrschbaren Projekte ist allgegenwärtig. Natürlich geraten IT-Projekte auch aus objektiven Gründen in Schwierigkeiten, wenn zum Beispiel die Finanzierung nicht gesichert ist oder der Kunde die Anforderungen gern und häufig nach Wetterlage ändert. Doch die meisten Projekte scheitern an Missverständnissen, die im Keim einfach zu lösen sind, jedoch im späteren Projektverlauf auf der persönlichen Ebene ausgetragen werden und sich somit zu fatalen Hemmnissen auswachsen. Ein systematisches Coaching ist erforderlich, damit zunächst kleine Ungereimtheiten nicht bald zu großen Katastrophen werden. Ein guter Coach wird diese Probleme erkennen und rechtzeitig auf Lösungen hinweisen.

Fördern Sie eine integrative Verzahnung von Management und Technik

Moderne Technologie hat unsere Wirtschaft so gründlich durchdrungen, dass sie zunehmend mit dem eigentlichen Kerngeschäft verschmilzt. Immer mehr Unternehmen merken, dass sie sich von ihren Mitbewerbern durch eine bessere IT absetzen können. Ein geschickter Einsatz der Informationstechnologie steigert die Effizienz und erhöht die Schlagkraft eines Unternehmens. Entwickler und Manager sitzen im selben Boot.

Das bedeutet kein Management-durch-Friede-Freude-Eierkuchen. Es geht nicht darum, Konflikten aus dem Weg zu gehen – es geht vielmehr darum, sie konstruktiv auszutragen. Auch wenn alle vorhin genannten Maßnahmen ergriffen werden, wird es Missverständnisse und Streitereien geben, denn IT ist nun einmal eine ganz eigenartige Disziplin.

Trotzdem gibt es zur integrativen Vorgehensweise keine Alternative. Unternehmen, die das frühzeitig und konsequent erkennen, sichern sich entscheidende, strategische Wettbewerbsvorteile. Ist das Management nicht in der Lage, die IT integrativ zu führen, dann häufen sich infolgedessen operative und strategische Niederlagen. Um das zu verhindern, muss die Führung eine konstruktive Zusammenarbeit beider Interessengruppen – also der IT und des übrigen Unternehmens – aktiv unterstützen.

MANAGEMENT MIT SYSTEM – EIN WIRKSAMES MITTEL GEGEN MANAGER-BURN-OUT

In kleineren Organisationen erscheint es selbstverständlich: Der Chef ist für alles und alle da. Doch wenn die Mitarbeiterzahl wächst, droht der Chef zum Engpass zu werden. Dagegen gibt es zum Glück ein praxiserprobtes Mittel.

In kleinen und mittleren Unternehmenseinheiten – seien es autonome Abteilungen eines Konzerns oder unabhängige Firmen – herrschen besondere Gesetze. Die Führungskräfte sind in solchen Organisationen persönlich in die meisten betrieblichen Abläufe involviert. Unabhängig davon, ob es um organisatorische Standardaufgaben oder Projektarbeit geht, die Chefs sind überall mit dabei, von der Briefmarkenbeschaffung bis zur Kundenakquise. Sie bilden das Rückgrat der informellen Kommunikation im Betrieb, fühlen sich für alles persönlich verantwortlich. Auch, wenn Organisationen größer werden und bestimmte Führungsaufgaben beispielsweise auf Projektmanager übertragen wurden, laufen alle Fäden häufig weiterhin im Chefbüro zusammen. Untereinander müssen die Mitarbeiter zudem ihre Arbeitsschritte immer wieder abstimmen, denn eine verbindliche Übereinkunft über eine systematische Zusammenarbeit des gesamten Teams ist meistens noch nicht etabliert.

Ein so beschaffenes Unternehmen bietet oft aufregende Arbeitsplätze. Da die Mitarbeiter (wie der Chef) vielseitige Aufgaben übernehmen, wird es nie eintönig. Gern erträgt man einen erhöhten Stresspegel, Überstunden und Wochenendarbeit in einem Team, das wie eine S.W.A.T.-Einheit anmutet und in einer spannenden Mission unterwegs ist. Und dennoch werden die Grenzen einer so gestalteten Organisation sichtbar: Fehlt ein Mitarbeiter krankheitsbedingt, sind die Kollegen häufig ob der verwaisten Aufgaben ratlos. Für wichtige Entscheidungen müssen sich praktisch alle gleichzeitig in einem Raum befinden. Die Zahl der gegenseitigen Rückfragen wächst, und man kann praktisch nie länger als fünf bis zehn Minuten konzentriert durcharbeiten, ohne unterbrochen zu werden. Insbesondere bei kopflastigen Arbeiten führt das häufig zu einem folgenschweren Leistungsabfall.

Alle reden mit allen

Daran schuld ist jedoch nicht etwa kollegiale Rücksichtslosigkeit, sondern vielmehr die schiere Komplexität der Kommunikationswege. Die nachfolgende Abbildung zeigt dafür ein Beispiel:

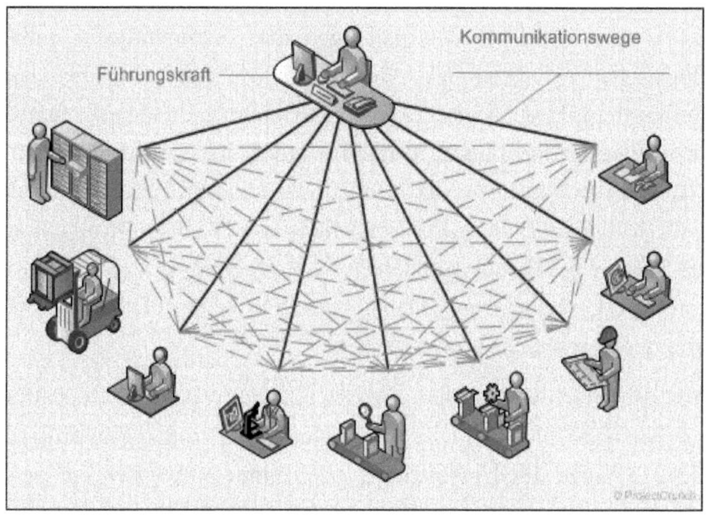

Abbildung 1: Abstimmungsnetzwerk in einer organisch gewachsenen Organisation

Das Spinngewebe der Kommunikationswege resultiert in dieser Dichte aus der Notwendigkeit, Verfahrensfragen und Arbeitsschritte mit (potenziell) allen Teammitgliedern abzustimmen, um ein gemeinsames Werk vollbringen zu können. Die dicken Linien entsprechen einer hohen, die gestrichelten einer sporadischen Abstimmungsintensität. Es existieren $N(N-1)/2$ (N = Anzahl der Mitarbeiter) mögliche Kommunikationswege. Die natürliche Komplexität der innerbetrieblichen Kommunikation unterliegt somit exponentiellem Wachstum. Dabei sind „Kommunikationsschleifen" (wenn die Antwort von einem weiteren Teammitglied eingefordert werden muss, welches wiederum weiter fragen muss usw.) noch nicht berücksichtigt. Da außerdem die Rückfragen situationsbedingt gestellt und die Antworten informell gegeben werden, müssen dieselben Rückfragen mehrfach aufs Neue beantwortet werden – die Kommunikationsintensität verharrt auf einem hohen Niveau.

Erschwerend kommt noch die erforderliche Simultanität der Kommunikation hinzu. Das Wissen über Arbeitsprozesse und betriebliche Regeln bleibt in solch spontan agierenden Organisationen in den Köpfen der Mitarbeiter verborgen. Durch diese intransparente Wissensverteilung ist das Team in wesentlichen Fragen nur vollzählig beschlussfähig, was wiederum zu einer wachsenden Zahl von Gesamtmeetings führt. Bei einem Softwarehersteller beispielsweise führen unklare Vorgaben für Zwischenprodukte (Sourcecode, Testfälle, Anforderungen usw.) dazu, dass die Erwartungshaltungen der Teammitglieder entlang der Wertschöpfungskette bezüglich der Qualität, der Inhalte und der Fertigstellungstermine der Zwischenergebnisse nicht klar und kongruent sind und bei jeder Abweichung spontan reagiert werden muss. Um die Zahl dieser Überraschungen zu verringern und den Korrekturbedarf frühzeitig zu erkennen, müssen alle Mitarbeiter, die in die Herstellung des Produkts involviert sind, die einzelnen Schritte des Prozesses jederzeit mit verfolgen: Anforderungen, Design, Umsetzung, Test, Auslieferung. Dafür muss eine wöchentliche (oder tägliche) Abstimmung des gesamten Teams erfolgen.

Besonders kritisch wird es dabei, wenn der Chef in das operative Geschäft so stark involviert ist, dass ihm kaum Zeit übrigbleibt, sich um organisatorische und strategische Belange des Unternehmens zu kümmern. Da sich ein guter Chef dieses Bedarfs bewusst ist, muss er dafür zusätzliche Zeit aufwenden. Überstunden und Wochenendarbeit werden in einem solchen Umfeld häufig zur Norm. Hinzu kommt noch die subjektiv oder gar objektiv erforderliche ständige Erreichbarkeit per Handy und E-Mail, auch am Wochenende und häufig auch nachts. All das kann zu einer unzumutbaren Arbeitsbelastung führen. Doch der menschliche Körper ist für eine solche Dauerbelastung nicht ausgelegt und kann früher oder später seinen Dienst verweigern. Das Schreckgespenst des Burn-out-Syndroms ist in solchen Situationen allgegenwärtig.

Management mit System

Doch wie begegnet man dieser Gefahr? Die Bildung neuer Managementebenen erscheint naheliegend und logisch. Diese klassische Form der Verantwortungsverteilung (Delegierung) ist ab einer bestimmten Organisationsgröße unerlässlich. Doch sie alleine bildet noch nicht die ganze Lösung. Hohe Hierarchien begünstigen lange Entscheidungswege, wodurch die Organisation schwerfällig und bürokratisch werden kann, insbesondere wenn die betrieblichen Abläufe nicht ausreichend an die veränderte Organisationsstruktur angepasst wurden. Hinzu kommt noch die Gefahr, dass Mitarbeiter aus unteren

Hierarchieebenen mit ihren Anliegen gerne ihre direkten Vorgesetzten überspringen und gleich wie gewohnt mit dem Chef reden wollen, da sie so zeitsparend an die dringend benötigte definitive Antwort kommen. Dies kommt insbesondere dann häufig vor, wenn Aufgaben trotz der neuen Führungsstruktur unverändert stark gebündelt von wenigen, erfahrenen Einzelpersonen erledigt werden. Im ungünstigsten Fall bringen neue Führungsposten daher schlicht weitere abstimmungsrelevante Personen mit wenig effektivem Mehrwert hinzu, wodurch sich die Kommunikationskomplexität weiter erhöht, womit das Gegenteil des Beabsichtigten erreicht wird.

Strukturen und Abläufe müssen aufeinander abgestimmt sein. Erst zusammen ergeben sie ein „Managementsystem", das Abläufe und Aufgaben passend zur Rollenhierarchie definiert. Durch eine Definition und Etablierung des abgestimmten Vorgehens (Prozesses) werden viele Verfahrensfragen verbindlich festgelegt und optimal gewichtet. Damit werden die Abstimmungsinteraktionen entkoppelt, wie auf der folgenden Abbildung zu sehen ist.

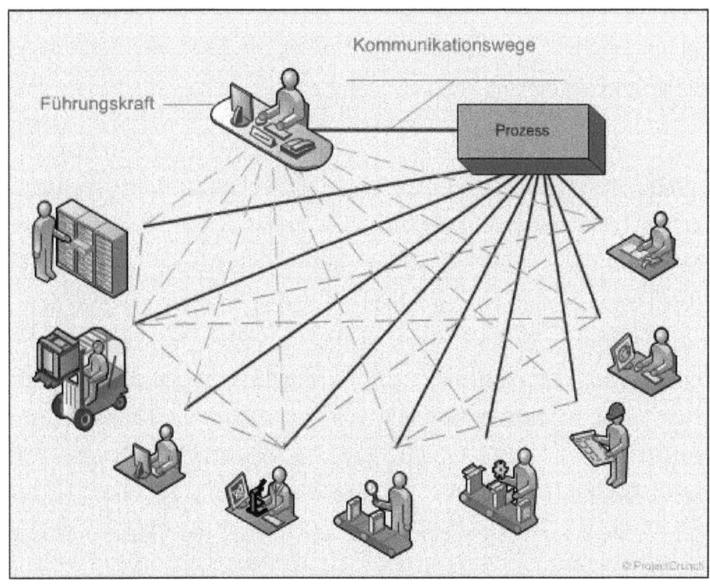

Abbildung 2: Abstimmungswege in einer prozessorientierten Organisation

Der „Prozess" in der obigen Abbildung gibt jedem Beteiligten die Möglichkeit, detaillierte Antworten zu Verfahrensfragen ohne Hilfe weiterer Teammitglieder zu erhalten. Als Eigner des Prozesses kann der Chef die Definition der

Arbeitsabläufe zentral verwalten. Auch hinsichtlich ihrer Anzahl machen die erforderlichen Interaktionen zwischen den Mitarbeitern einen Bruchteil derjenigen der zuvor geschilderten „Alle-reden-mit-allen"-Organisation aus, da dank der Rollenbeschreibung direkt klar ist, mit wem man was abstimmen kann und muss.

Dabei geht es nicht darum, ein bürokratisches Monstrum zu schaffen, das Menschen in anonyme Zellen einsperrt, immer umfangreicher wird und sich zunehmend mit sich selbst beschäftigt. Die Art und der Umfang des Prozesses müssen das Wesen und die Ziele einer Organisation widerspiegeln. Speziell im Fall eines System- oder Softwareentwicklungsprozesses steht eine Fülle verschiedener Alternativen zur Verfügung. Ein komplexer Prozess kann auf einem Standard wie CMMI (bzw. SPICE, ITIL usw., je nach Eignung) aufbauen und als umfangreiches Projekthandbuch vorliegen. Er kann aber auch durch eine kompakte Beschreibung einer agilen Vorgehensweise wie Scrum repräsentiert sein. Je nachdem, ob es sich um einen Flugzeug- oder einen innovativen Softwarehersteller handelt, zwischen den beiden Extremen sind viele sinnvolle Abstufungen möglich. Das vollständige Fehlen von Prozessen stellt dagegen ein grundsätzliches Problem dar.

Fazit

Eine vernünftige, explizite Festlegung betrieblicher Arbeitsprozesse (und insbesondere der Entwicklungsprozesse) bietet viele Vorteile. Ein guter Entwicklungsstandard zum Beispiel hilft, redundante Arbeitsabläufe zu vermeiden, einen verbindlicheren Arbeitsstil zu begünstigen, ein funktionierendes Risikomanagement zu betreiben, systematische Aufwandschätzung und Planung zu etablieren und vieles mehr. Es gibt in der Literatur eine Menge Hinweise darauf, was gute Prozessdefinitionen bringen. Dabei wird die Entlastung des Managements durch einen verbindlich implementierten Prozess oft nicht ausreichend betont. Gerade für Führungskräfte stellt ein wohldurchdachtes, bewährtes Managementsystem einen enormen Vorteil dar. Durch eine Entlastung im Tagesgeschäft haben Chefs einen besseren Überblick über die momentane Lage in ihren Teams, können mehr Zeit für strategische Aufgaben aufwenden und so ihre Unternehmen erfolgreicher aufstellen. Auch persönlich profitieren sie: Die Gefahr der persönlichen Überlastung bis hin zum Burn-out-Syndrom wird verringert.

MUT ZUM PROJEKT

Im Zuge der zunehmend globalisierten Wirtschaft ist ein immer deutlicherer Trend zu projektorientierter Vorgehensweise erkennbar. Das Project Management Institute (PMI) schätzt, dass inzwischen ein Fünftel des weltweiten Bruttoprodukts für Projekte ausgegeben wird. Dies entspricht ca. 12 Billionen US Dollar. Diese Entwicklung hat Folgen für Unternehmensstrukturen, denn Projekte benötigen für ihre erfolgreiche Abwicklung ein passendes organisatorisches Umfeld. Dadurch werden funktionale Linienorganisationen vor neue Herausforderungen gestellt.

Die Matrix

In einer Matrixorganisation prallen fremde Welten aufeinander: die Linie und das Projekt. Das Linienmanagement stellt die traditionelle Zunft dar. In der Linie herrscht althergebrachte Klarheit: eine definierte Karriereleiter, geregelte Zielsetzungssysteme, Entlohnungsschemata, feste Verankerung im Betriebsrat. Die Linie ist eine langfristige Konstruktion, die Jahrzehnte überdauern soll. Die Projektwelt stellt eine Abweichung von der geordneten, flächendeckenden Statik des Linienalltags dar. Projekte sind zeitlich begrenztes Unterfangen, sie bringen daher in die Linienstruktur von Natur aus Unruhe hinein. Zum einen weichen Projektrollen zum Teil deutlich von ihren Pendants in der Linie ab. Der Projektmanager beispielsweise wird in der Linie häufig als Fremdkörper wahrgenommen. Zum anderen gibt es im Projekt eine Fülle von Aufgaben, die sich nicht eindeutig in die Linie einordnen lassen, wie die projektspezifische Systemarchitektur oder das produkteigene Hardwaredesign.

Das Projektleben ist stringenter, schnelllebiger und vielfältiger. Die Aufgaben sind kleiner gegliedert, abwechslungsreicher, werden unter Zeitdruck vergeben, und die Ergebnisse werden rigoros eingefordert. Die in der Linie so wertvolle Routine kann im Projektalltag geradezu hinderlich werden. Häufig verfolgen Projekte Ziele, die mit Linienzielen direkt oder indirekt kollidieren können. Dazu gehört das Bestreben, Aufgaben pragmatisch und schnell zu erledigen, anstatt langfristige Lösungen für die Linienorganisation breit zu diskutieren (auch wenn dies teilweise doch in Form von Lessons Learned passiert). Für Mitarbeiter, die in einem Projekt tätig sind, ist die Zeit häufig wenig förderlich für ihre persönliche Linienkarriere. Linienmanager definieren sich außerdem häufig über ihren Einfluss auf die eigenen Mitarbeiter, die diesem Einfluss durch ihre temporäre

Zugehörigkeit zu einem Projekt möglicherweise entzogen werden. Außerdem stehen persönliche Ziele, die in Jahresgesprächen verhandelt werden, nicht selten im Widerspruch zu den täglichen Erfordernissen eines Projekts.

Es ist unübersehbar, dass Projekte in funktionalen Linienorganisationen Fremdkörper darstellen. Aber auch in einer starken Matrix, in der Projektmanager mehr Entscheidungskompetenz erhalten, sind Konflikte mit der Linie vorprogrammiert. Was rechtfertigt also die immer häufiger auftretende Mischform?

Das unvermeidliche Projekt

Immer schnelllebigere Märkte, immer kürzere Wirtschaftszyklen, und der wachende Innovationsdruck setzen funktionale Organisationsformen zunehmend unter Druck. Dauerte beispielsweise die Entwicklung einer komplett neuen Fahrzeugplattform noch vor zehn Jahren im Schnitt vier bis fünf Jahre, hat sich diese Zeit inzwischen auf durchschnittlich weniger als drei Jahre reduziert. Gleichzeitig wächst wegen der steigenden Anforderungen an Mechanik und Elektronik die Komplexität eines Fahrzeugs exponentiell.

Diese Entwicklung ist symptomatisch für die Mehrheit produktentwickelnder Unternehmen. Aber nicht nur bei Produktentwicklung ist eine rein funktionale Organisationsform die zweite Wahl. Ein Projekt ist zum Beispiel auch dann erforderlich, wenn Prozessverbesserungen oder organisatorische Veränderungen anstehen. Steuerkreise ohne klare Führung verlaufen sich häufig in endlosen Diskussionen. Gelungene Restrukturierungen sind eben typische Projekte, mit einem stringenten Plan, klar verteilen Aufgaben, Budget, Anfang, Ende und einer klaren Definition des gewünschten Ausgangs.

Aus diesen Gründen bietet sich eine projektorientierte Vorgehensweise häufig als die einzig sinnvolle Vorgehensweise an. Welche Zukunft hat eine klassische, reine Linienorganisation?

Wie es funktionieren kann

Damit die Projektarbeit effektiv gestaltet werden kann, sind zumindest die folgenden organisatorischen Voraussetzungen zu erfüllen:

- Projektaufgaben müssen klar formulierbar sein, wobei der Interessenabgleich aller Beteiligten im Zentrum des Projektauftrags stehen muss;
- Ressourcen müssen schnell zu beschaffen und flexibel sein, insbesondere das Expertenwissen;
- der Projektmanager sollte von der Linie mit weitgehenden Kompetenzen und Pflichten ausgestattet werden, inklusive einer großzügigen Autonomie in Bezug auf das Personalmanagement;
- die Projektfinanzierung muss auf sicheren Füßen stehen;
- ein korrekt aufgestelltes Change Control Board (CCB) sollte die einzige organisatorische Einheit außerhalb des Projektes sein, die über externe Einflüsse auf das Projekt entscheidet.

Diese Liste kommt für so manchen gestandenen Manager alter Schule einem Horrorszenario gleich. Soll doch demnach, bis auf das CCB, die Linie weitgehend aus dem Geschehen herausgehalten werden. Nicht nur werden wichtige Aufgaben, die für das berufliche Fortkommen in der Linie traditionell von Bedeutung sind, plötzlich in autonome Projekte verlagert. Auch abteilungseigene Mitarbeiter werden ins Projekt übernommen und so aus ihrer gewohnten Arbeitsumgebung gerissen. Die Zweifel sind verständlich aber nicht unbedingt angebracht, denn gerade gestandene Manager können erfolgreiche Projektmanager werden. Ein organisatorischer Schwenk in Richtung Projektorientierung bietet einem aufstrebenden Manager interessante Entwicklungsmöglichkeiten. Für andere Mitarbeiter jedoch sind Vorteile einer projektorientierten Organisation zunächst nicht so offensichtlich. Im Gegenteil: auf den ersten Blick sind einige Nachteile zu befürchten. Beispielsweise kann die Projektarbeit kaum als Nebenbeschäftigung ausgeübt werden, wodurch weniger Zeit für karriereförderliche Linienaufgaben übrig bleibt. Es ist daher notwendig, dass die Möglichkeiten des beruflichen Aufstiegs an die neue Organisationsform angepasst werden.

Die Realität zeigt leider, dass bei vielen Organisationen, die Projektarbeit betreiben, bei dem sensiblen Thema der Karriereaussichten einiges auf der Strecke bleibt. Auch wenn die Errichtung fachlicher Karrierelaufbahnen vielerorts diskutiert wird, tut man sich damit doch recht schwer, eine linienneutrale Aufstiegsmöglichkeit zu institutionalisieren. Dabei ist eine fachliche Karrierelaufbahn nicht nur sinnvoll für die Mehrzahl der Mitarbeiter; sie bietet überdies dem Unternehmen selbst eine attraktive Möglichkeit, begabte, leistungsorientierte Mitarbeiter konsequent zu fördern und zu entwickeln.

Es kommt nämlich in typischen Linienorganisationen vor, dass herausragende Experten, wie zum Beispiel Softwarearchitekten oder QA-Ingenieure, mangels anderer Aufstiegsmöglichkeiten in besser bezahlte Managementpositionen aus der vertrauten Technikwelt hinaus befördert werden (der berühmte Halo-Effekt). Da es häufig keine klare Korrelation zwischen technischen und für Verwaltungstätigkeiten relevanten Fähigkeiten gibt, werden dadurch enorme Ressourcen verschwendet. In vielen Fällen wäre z.B. eine Karriereleiter „Softwareentwickler – Software Designer – Software Architekt“ die bessere Wahl.

Doch damit ist es noch nicht getan. Zusätzlich zur Errichtung einer fachlichen Laufbahn sind für eine gut funktionierende projektorientierte Organisation noch weitere Bedingungen zu erfüllen:

- Für Mitarbeiter, die gerade in keinem Projekt unterwegs sind, müssen fachlich orientierte Pools (Ressourcenpools) geschaffen werden. Die Aufgabe der Pools besteht im Wesentlichen darin, die nicht in die Projektwelt passenden Linienaufgaben zu erfüllen wie Weiterbildung und arbeitsrechtliche Belange. Pools verschaffen denjenigen Mitarbeitern eine Heimat, die gerade in keinem Projekt beschäftigt sind.
- Die projektrelevante Anschaffung externer Ressourcen sollte dem Projektmanager (statt dem Einkauf) überlassen werden. Nur so lässt sich verhindern, dass unterdurchschnittliche Qualität eingekauft wird.
- Die Bedeutung der Linienkarriere sollte nicht mehr exponiert werden. Stattdessen sollte die fachliche Laufbahn an Bedeutung gewinnen. Darauf sollte die firmeninterne Kommunikationspolitik konsequent ausgerichtet werden.
- Akquise neuer Mitarbeiter sollte sich nach Projektbedürfnissen richten. Dafür sollten die Stellenbeschreibungen angepasst werden.
- Für die Abwicklung aller Projekte müssen qualitativ hochwertige Prozesse als Standard festgelegt werden. Die Qualitätssicherung der Projekte könnte eine QA-Einheit oder das PMO (Project Management Office) übernehmen.

- Für eine effektive Auswahl der Projekte muss die passende Strategie auf der obersten Linienetage entwickelt und verfolgt werden. Dies kann durch ein systematisches Portfoliomanagement erreicht werden.

Eine so aufgestellte Organisation hat gute Aussichten, im harten internationalen Wettbewerb erfolgreich zu bestehen.

Kann nicht alles beim Alten bleiben?

Kritiker projektorientierter Organisationsformen führen häufig an, dass eine schwache Matrix oder gar funktionale Organisation mehr Arbeitsplatzsicherheit garantiert. Dem Argument kann man nur sehr bedingt folgen. Während deutsche Unternehmen dank der staatlichen Unterstützung durch Kurzarbeitergeld Massenentlassungen verhindern konnten, zeigte sich insbesondere in Ländern wie Großbritannien oder USA, dass unabhängig von der Unternehmensform Mitarbeiter freigesetzt wurden, sobald Aufträge ausblieben.

Ein weiteres Argument ist häufig, dass talentierte Mitarbeiter, insbesondere sogenannte „High Potentials“, lieber eine Linienkarriere anstreben würden und eine fachliche Karrierelaufbahn für zweitrangig hielten. Neben dem Prestige einer Linienposition sei erneut die Sicherheit des Arbeitsplatzes ein gern angeführter Vorteil. Dem ist entgegenzuhalten, dass gerade Manager standardisierte, routinierte Tätigkeiten ausüben und somit im Falle eines Personallabbaus häufig leichter zu ersetzen sind als Topexperten.

Ergänzend sollte nicht unerwähnt bleiben, dass es in der Tat Unternehmen gibt, in den eine projektorientierte Organisationsform wenig Sinn macht. Es sind zum Beispiel Betriebsstätten, die auf kontinuierliche Produktion ausgerichtet sind (Fließbandbetriebe). Als Daumenregel können für die Entscheidung für oder wider die jeweilige Organisationsform die Komplexität und der Anspruch der zu erbringenden Leistung. Ein Handelsbetrieb, der von der Marge für weiterverkaufte Produkte lebt, wird vorwiegend weniger hochqualifizierte Arbeit benötigen und keine projektorientierte Form erfordern. Dagegen würde bei einem Flugzeughersteller oder Automobilzulieferer eine reine Linienorganisationsform die Wettbewerbsfähigkeit deutlich verringern.

Des Weiteren können auch in stringent projektzentrischen Organisationen nicht alle Funktionen in Projektaufgaben umgewandelt werden. Viele Aufgaben in Strategie, Marketing und Vertrieb können kaum als Projekte durchgeführt werden; eine langfristige Kontinuität ist in diesen Bereichen wichtiger. Auch die Qualitätssicherung und Controlling (also auch das Portfoliomanagement und das PMO) sollten als Linienfunktionen betrieben werden. Da jedoch die aktive Produktkonzeption und die Produktentwicklung weitaus mehr Ressourcen benötigen, werden sie – wenn korrekt aufgestellt – den Charakter der Organisation unweigerlich projektzentrisch prägen.

Dem Projekt gehört die Zukunft

Es ist eine Binsenweisheit, dass deutsche Unternehmen auf innovative, hochentwickelte Produkte setzen müssen. Durch ihre hohen Lohnkosten und die hohen arbeitsrechtlichen und umwelttechnischen Auflagen können sie kaum gegen die verlängerte Werkbank in China oder Indien konkurrieren.

Daher werden immer mehr Unternehmen den wachsenden Druck spüren, ihre rein funktionalen Linienstrukturen abzubauen und projektbasierte Organisationsformen zu entwickeln. Mit etwas Geschick und guter Planung ist eine solche Veränderung durchaus machbar, und sie bietet klare Wettbewerbsvorteile. Die Zukunft gehört dem Projekt, und die Gewinner von morgen sollten heute diese Chance erkennen und entsprechend handeln.

HUNDERTPROZENTIGE LÖSUNGEN SIND EINE SCHLIMME PLAGE

Suchen Sie eine hundertprozentige Lösung? Dann wird der Weg Ihr Ziel bleiben.

Wann lernen wir endlich, dass Hundertprozent-Lösungen reine Zeitverschwendung sind? Zumindest in aller Regel.

Die Erwartungshaltung sollte sich an der Realität und nicht am theoretisch Möglichen ausrichten. Wir wissen doch alle, dass es Probleme gibt, die sich theoretisch lächerlich einfach darstellen, praktisch aber nicht lösbar sind, wenn man verhältnismäßige Kosten und/oder verfügbare Zeit nicht aus der Gleichung weglässt.

Da gibt es ein paar schöne Beispiele:

- Schach. Theoretisch kann ein Computer durch schlichtes Durchprobieren aller Varianten (des kompletten Spielbaumes) immer gewinnen, zwei

Computer werden immer unentschieden spielen. In der Praxis würde der schnellste Computer der Welt nie alle Varianten durchrechnen können.

- Korrektheit einer Software. Theoretisch testet man einfach alle Systemzustände, Eingabe/Ausgabe-Kombinationen und Variablenwerte durch. Dann hat man die Sicherheit, dass die Software den Anforderungen entspricht. In der Praxis würde ein kompletter Test mittelgroßer Software Jahre dauern.
- Das Wasserfallmodell in der Softwareentwicklung. Theoretisch ist nichts schöner als das Extrem-Wasserfallmodell. Zuerst hat man alle Anforderungen vollständig aufgeschrieben. Dann hat man auf dieser hundertprozentig korrekten Grundlage ein vollständiges Design entworfen. Dann hat man alles getestet. Dann ausgeliefert. Perfekt! In der Praxis ist das Extrem-Wasserfallmodell ein sicheres Rezept für ein gescheitertes Softwareprojekt.

Sogar bei scheinbar trivialen Aktivitäten ist eine hundertprozentige Korrektheit wenig Erfolg versprechend. Nehmen wir zum Beispiel die E-Mail-Flut. Ein Versuch, eingehende E-Mails zu klassifizieren und in speziell dafür vorgesehene, sinnvolle Ordner zu verschieben, ist theoretisch eine tolle Idee. Man weiß immer, wo man etwas suchen soll: Man öffnet einfach den Ordner „Anforderungen für Projekt X“ und hat alle betreffenden E-Mails parat. Toll! Und sinnlos. Weder manuelles Verschieben noch geschickt angelegte Regeln werden garantieren, dass alle E-Mails in die richtigen Ordner einsortiert werden. Schlimmer noch: Wenn eine E-Mail zwei Themen betrifft, was dann?

Nein, die realistische (und vermutlich beste) Lösung ist eine mächtige Suchfunktion für die Mailbox, die ähnlich wie Google Mail sämtliche E-Mails nach den entsprechenden Begriffen absucht und das Ergebnis in Sekundenbruchteilen liefert.

„The perfect is the enemy of the good“, so ein englisches Sprichwort. Da ist wirklich was dran.

Der Nachteil dieses Ansatzes liegt auf der Hand. In einer Achtzigprozent-Lösung findet sich immer ein Fehler. In einem Umfeld, in dem man sich gegenseitig zu beweisen versucht, dass der Andere Unrecht hat, sind Hundertprozent-Lösungen angesagt. Wer es toll findet, dass der Weg das Ziel sein soll, der wird sich hier heimisch fühlen. In einem solchen Umfeld wird der Weg nämlich immer das Ziel bleiben, im denkbar schlimmsten Sinne dieses beliebten Spruchs.

Dass sich das auf kurz oder lang katastrophal auswirkt, dürfte nun klar sein. Hundertprozent-Lösungen sind eine schlimme Plage, die gründlich ausgerottet gehört. Es sei denn, Geld und Zeit spielen keine Rolle. Wer solche Projekte kennt, der soll mir bitte verraten, wo man sie findet. Dort werde ich auch sehr gern Hundertprozent-Lösungen predigen.

MEETINGS MIT HAND UND FUSS

Sinnlose Meetings müssen nicht sein. Einige Tipps für frustfreie Meetings.

Meetings müssen nicht ärgerlich, langweilig und frustrierend sein. Dass die meisten sinnlos sind, sollte nicht von der Erkenntnis ablenken, dass Meetings – wenn sie richtig gestaltet werden – eine lebenswichtige Kommunikationsebene in einem Unternehmen darstellen. In einem Meeting werden sehr viele Informationen ausgetauscht: fachliche Fakten, organisatorische Vorgaben, teamdynamische Aspekte wie Führungsanspruch und Zusammengehörigkeit. Meetings sind wichtige soziale Ereignisse in der Gruppe, in denen die so oft beschworene Unternehmenskultur sichtbar gelebt wird. Gerade in ausgeprägten Projektorganisationen, die üblicherweise schnelllebiger sind als auf Linienmanagement basierende Organisationen, stellen Meetings eine Chance dar, unkompliziert und effizient mit dem Projektteam zu kommunizieren.

Damit ein Meeting klappt, müssen allerdings einige allgemeine Regeln etabliert werden. Diese lassen sich in zwei Arten unterscheiden: allgemeine Rahmenbedingungen und Regeln, die sich auf konkrete Meetings beziehen.

Grundsätzliche Regeln:

1. **Ressourcenschonung:** Meetings dürfen nur stattfinden, wenn andere, effizientere Maßnahmen nicht zielführend erscheinen.
2. **Erwartungshaltung:** Meetings sind keine Workshops:
   - Workshops sind als moderierte Diskussionen zu verstehen.
   - Meetings dienen dem Informationsabgleich und der Entscheidungsfindung.

3. **Entscheidungsfindung:** Ergebnis eines Meetings ist eine Liste von Entscheidungen.
4. **Entscheidungsinhalt:** Entscheidungen enthalten immer drei Aussagen: wer was bis wann liefern wird (im Unterschied zu Beschlüssen, mit denen nur das „Was“ festgehalten wird).
5. **Umsetzung:** Entscheidungen werden umgesetzt und ihre Umsetzung geprüft.
6. **Verbindlichkeit:** Alle Meetingregeln gelten für alle (interne und externe Teilnehmer, Chef eingeschlossen).

Auf Workshops wird im Folgenden nicht weiter eingegangen.

Bei der Durchführung eines Meetings haben sich folgende Regeln als hilfreich erwiesen:

1. **Vorbereitung:** Meetings werden rechtzeitig im Voraus an alle Teilnehmer kommuniziert: die Uhrzeit, der Ort, die Agenda und die Liste aller eingeladenen Personen.
2. **Teilnehmerkreis:** Relevante Entscheider und Meinungsmacher werden eingeladen.
3. **Timing:** Meetings beginnen und enden pünktlich.
4. **Redestil:** Jeder fasst sich möglichst kurz und überlässt schleunigst anderen das Wort.
5. **Verbindliche Agenda:** Sprecher bleiben beim Thema und eröffnen keine Nebenkriegsschauplätze. Komplexe Themen werden im Nachgang geklärt.
6. **Ad rem:** Persönliche Angriffe sind tabu.
7. **Keine Hexenjagd:** Schuldzuweisungen („Man hätte … sollen“) sind tabu.
8. **Diversität:** Abweichende Meinungen und Ideen sind willkommen.
9. **Lösungsorientierung:** Zu Problemen werden konkrete Lösungsvorschläge „mitgebracht“.
10. **Diskretion:** Interne Themen werden in Anwesenheit externer Gäste (etwa Lieferanten, Kunden) nicht besprochen.
11. **Beschlussfähigkeit:** Schweigen bedeutet Zustimmung.

12. **Nachbereitung:** Es gibt exakt zwei Meetingergebnisse: Informationen und Entscheidungen (s. Grundsätzliche Regel 3). Sie werden im Anschluss an alle Teilnehmer verteilt.

Es hat sich vielerorts bewährt, diese Liste (auch als „Meeting Ground Rules“ bekannt) im Meetingraum auszuhängen, sodass man sich im Zweifel immer auf verbindliche Rahmenbedingungen berufen kann.

Natürlich genügt es nicht, gerahmte Meeting Ground Rules auszuhängen – sie müssen auch gelebt werden. Die Regeln müssen aktiv kommuniziert und im verbindlichen Managementhandbuch formell veröffentlicht werden. Auch ist zu beachten, dass für jedes Meeting der Organisator bekannt sein sollte, damit Fragen im Vorfeld geklärt werden können.

Derartig stringente Meetingregeln mögen den Eindruck evozieren, dass Meetings nur gelingen könnten, wenn sie mit militärischer Disziplin durchgepeitscht werden. Die Praxis zeigt jedoch genau das Gegenteil: So organisierte Meetings sparen eine Menge Geld und Frust für alle Beteiligten. Schließlich arbeiten die meisten von uns am liebsten in einem professionellen Umfeld, in dem unsere stets knappe Zeit nicht sinnlos verschwendet wird. Die vielerorts grassierende Meetingitis kann so durch Meetings mit Hand und Fuß ersetzt werden, und die Meetings machen wieder Spaß – versprochen!

GUTE TEAMS, SCHLECHTE TEAMS

„Wir sind ein gutes Team“ – oder etwa nicht? Mit etwas Übung kann man das schnell beurteilen.

Wir verbringen die Hälfte unserer schlaflosen Lebenszeit im Arbeitsumfeld. Der Job sollte daher Spaß machen, andernfalls werden grundsätzliche Hamlet-Fragen schnell hochaktuell. Und wenn alle Stricke reißen, dann hilft nur noch eins: nichts wie weg.

Aber wohin? Um einen erneuten Reinfall zu vermeiden, sollte man sich vor der Unterzeichnung eines neuen Arbeitsvertrags das potenzielle neue Arbeitsumfeld genau anschauen. Sich möglichst gut zu präsentieren ist nur die halbe Miete; die Präsentation des Arbeitsgebers hat nicht weniger Gewicht. Da indes jeder Arbeitgeber versucht, sich möglichst strahlend in Szene zu setzen, hilft ein bilaterales Gespräch allein oft nicht weiter. Es ist meistens auch wichtig, die möglichen neuen Kollegen unter die Lupe zu nehmen, denn man wird mit ihnen in der Regel mehr Zeit verbringen als mit dem Chef.

Aber was macht ein gutes Team aus? Ein gutes Team agiert effektiv, produktiv und konstruktiv. Man verbringt in ihm gern den oft langen Arbeitstag. Und woran erkennt man es? Es ist allzu einfach zu sagen, man solle auf sein Bauchgefühl hören. Intuition ist schwer in Worte zu fassen, dafür gibt es keine „Checkliste". Aber der folgende Spickzettel hilft, das Bauchgefühl zu verifizieren:

	Schlechtes Team	***Gutes Team***
Führungsstil	Autoritär	Kooperativ
Autoritätsbildung	Durch Ernennung	Durch Kompetenz
Organisationsstruktur	Steil	Flach
Motiv	Angst	Experten-Ehrgeiz
Leistungsbewertung	Statusbasiert	Ergebnisbasiert
Zuständigkeiten	Fest delegiert „Bin dafür nicht zuständig"	Übertragbar „Ich kümmere mich darum"
Fehlervermeidung	Erst wenn „ertappt" „Quick & dirty"	Vorbeugend „Lieber gleich richtig machen"
Fehlerbehebung	Verursacher-orientiert	Lösungsorientiert
Umgang mit Systemanforderungen	Passiv „Das hat mir keiner gesagt"	Aktiv „Habt ihr auch daran gedacht …?"
Informationsverteilung	Kopfmonopole Weitergabe nur auf Aufforderung	Offene Weitergabe auf eigene Initiative

Ansprechpartner für Rückfragen	Nur aufwendig feststellbar	Bekannt
Verhaltenskodex	Implizit festgelegt	Explizit bekannt
Kommunikationskultur	Sich gern reden hören, ins Wort fallen	Zuhören, ausreden lassen

Besonders hilfreich ist die folgende Prüffrage: „Könnte ich mir vorstellen, hier bis zur Rente zu arbeiten?“ Wenn das so konditionierte Bauchgefühl in Bauchschmerzen auszuarten droht, sollte die Entscheidung klar sein: weitersuchen.

WHY IT MATTERS

*In dem seinerzeit kontroversen, im Jahr 2003 im Harvard Business Review veröffentlichten Artikel „*Why IT doesn't matter anymore*“, attestierte der US-amerikanische Autor Nicholas Carr der IT eine überschätzte Bedeutung in der Wirtschaftswelt. Nach seiner Meinung würden Unternehmen zu viel in ihre IT investieren und dabei die Erfolgskontrolle vernachlässigen. Stürmisch wurde dieser Artikel in der Fachwelt diskutiert, doch die Frage blieb offen: Inwiefern trägt nun eigentlich die hauseigene IT zum Unternehmenserfolg bei? Überschätzen wir ihre Rolle tatsächlich?*

In dem seinerzeit kontroversen, im Jahr 2003 im Harvard Business Review veröffentlichten Artikel „Why IT doesn't matter anymore" Kaum eine Disziplin ist so vielseitig und zugleich ambivalent im Gespräch wie die Informationstechnologie. IT-Experten eilt immer noch der Ruf voraus, sie seien introvertierte Exzentriker mit einem Hang zur Komplexität. Erstaunlicherweise hat sich die Computertechnologie trotzdem zu einem lukrativen Multimilliardengeschäft entwickelt. Gehört nun die eigene Softwareentwicklungsabteilung einer Telefongesellschaft oder eines Versicherungsunternehmens zum Kerngeschäft oder nicht? Ist die IT lebensnotwendig für uns oder eigentlich überflüssig?

Es fällt heute schwer, zu glauben, dass es eine Welt ohne IT gab. Wie wurden eigentlich damals so komplexe Dinge berechnet wie Gehaltsabrechnungen, Bonuszahlungen oder militärische Rechenaufgaben wie Flugbahnen von Artilleriegeschosse? Das war manuelle Arbeit, durchgeführt von großen Abteilungen mit Duzenden von Mitarbeitern, die ihre Ergebnisse redundant ablieferten, um mögliche Fehler auszufiltern.

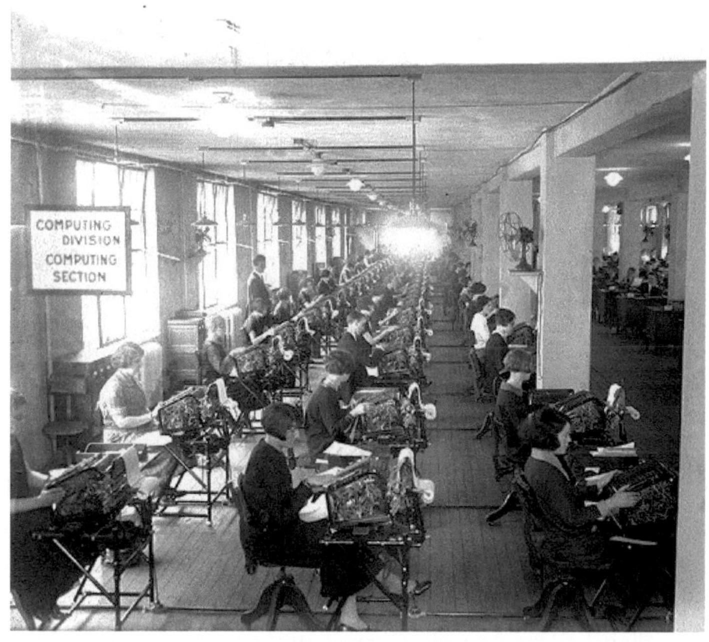

Abbildung 1: Computing Division des Bonus Bureau (USA) in den zwanziger Jahren, Quelle: Library of Congress, USA

An dieser Stelle sei ein hypothetischer Kostenvergleich erlaubt: 100 menschliche „Rechner" würden heute pro Monat – grob geschätzt – 400.000 Euro kosten. Das macht knapp fünf Millionen Euro (4.800.000) Kosten pro Jahr. Heutzutage werden solche Aufgaben durch ein Computerprogramm und einen Mikroprozessor erledigt. Kostenpunkt: ca. fünftausend Euro. Unter der pessimistischen Annahme, dass der Computer samt nötiger Software jedes Jahr komplett erneuert werden muss, ergibt sich eine Ersparnis von 4.795.000 Euro pro Jahr.

Bei solchen Zahlen bekommen Finanzvorstände glänzende Augen. In der Tat, in Sachen Effizienz ist die IT ein Wunderkind unserer Zivilisation. Kaum gab in der

Geschichte der Menschheit eine Entwicklung, ggf. mit der Ausnahme der Erfindung des Rads, die eine derart dramatische Steigerung der Produktivität bewirkt hat. An Beispielen hierfür mangelt es wahrlich nicht. Alleine die Büroautomation durch Textbearbeitungssysteme veränderte die Arbeitswelt grundlegend und ermöglichte ungeahnte Quantensprünge in Produktivitätszuwächsen.

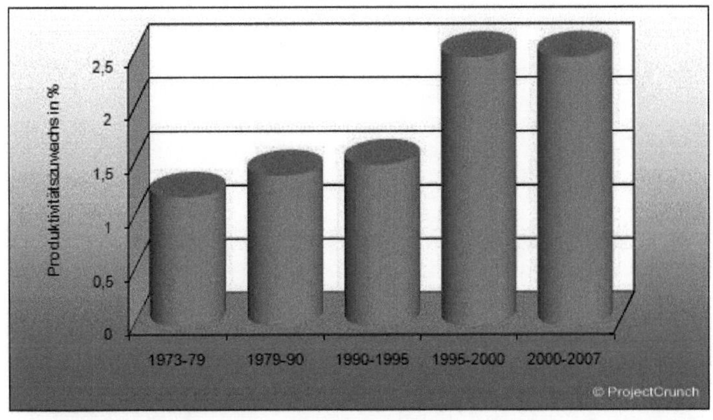

Abbildung 2: Produktivitätszuwachs (USA 1973-2007, ohne Landwirtschaft)

Effizienzsteigerungen sind eine gute Sache, doch wie ist es um die Effektivität bestellt? Schon der erste Blick auf die heutige IT-Welt ist beeindruckend. Die Kooperationsmöglichkeiten über das Internet machen bestimmte Unternehmensformen erst möglich. Die Telekommunikation ist inzwischen vollständig digitalisiert; ohne die Computertechnologie ist ein Mobilfunknetz nicht realisierbar. Eine funktionierende Verwaltung gigantischer Massen komplexer Kundendaten eines global operierenden Finanzdienstleisters ist auf leistungsfähige Datenbanken unabdingbar angewiesen. Die Liste der durch IT bedingten Innovationen reicht von Raumfähren bis zu Navigationssystemen in Kleinautos.

Noch aussagefähiger ist die Automatisierung von Geschäftsprozessen. Was früher spezialisierte Fachkräfte in riesigen Aktenarchiven, für Auftragsbearbeitung zuständige Abteilungen und Vertragsverwaltungsstellen in akribischer, manueller Arbeit abarbeiteten, wird heute durch Workflowsysteme gestützt und weitaus kostengünstiger erledigt.

Eine flüchtige Betrachtung des Ausfallrisikos dieser Systeme verdeutlicht, wie wichtig diese IT Systeme inzwischen für das tägliche Geschäft moderner Unternehmen geworden sind. Ist die zentrale IT vor dreißig Jahren ausgefallen, hatte das schlimmstenfalls eine Verzögerung der Lohnabrechnung zufolge. Heutzutage bedeutet das unter Umständen den kompletten Ausfall des Neugeschäfts, der Kundenbetreuung, der Logistik und zahlreicher weiterer Geschäftsbereiche. Schlimmstenfalls droht kurzfristig die Insolvenz.

Die IT-Orange

Heutige Unternehmensstukturen lasse sich mithilfe eines Organgenmodells abbilden: die IT-Mitarbeiter halten das Fruchtfleisch zusammen, das aus IT-Systemen und automatisierten Geschäftsprozessen besteht. Das Fruchtfleisch ist das eigentlich „Leckere“, was den meisten Mehrwert für den Kunden erzeugt.

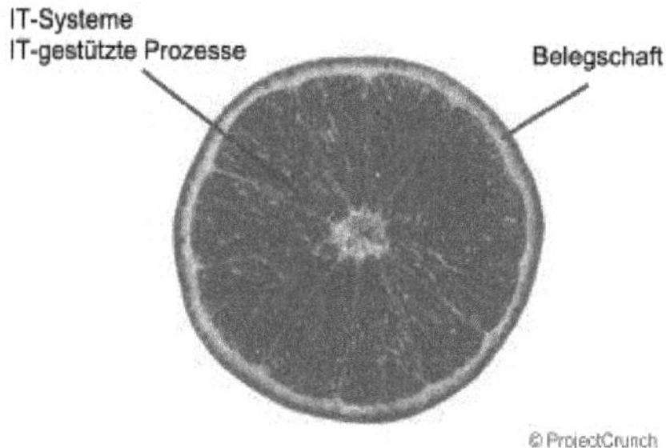

Abbildung 3: Die IT-Orange

Die dabei häufig geäußerte Befürchtung, die enorme Ausbreitung der IT in Unternehmen würde die Mitarbeiter zu Techniksklaven machen, hat sich nicht bewahrheitet. Ganz im Gegenteil; Noch nie wurden so hohe Anforderungen an die Qualifikationen der Mitarbeiter gestellt wie heute. Sie können sich nun auf das Wesentliche konzentrieren, die einfachen Tätigkeiten erledigt der Computer. Schnell ist man daher zu der Annahme verführt, die IT sei nicht Teil des Kerngeschäfts. Das „Outsourcing“ ist in Folge inzwischen zur gängigen Einsparungslösung geworden. In zahlreichen Milliardendeals vergeben Unternehmen ihre IT nach außen mit der Begründung, das alles sei nicht ihr Kerngeschäft.

Dies macht in bestimmten Fällen tatsächlich Sinn, zum Beispiel bei Gehaltsabrechnungen oder Archivsystemen. Doch Vorsicht ist dabei geboten, denn IT ist nicht gleich IT. Unter diesen Begriff fallen – je nach Betrachtung –

zwei große Bereiche: IT Betrieb (Rechenzentren, Datenbanken, PC und Netzwerk-Infrastruktur), und Systementwicklung (insbesondere Softwareerstellung). Während man die Infrastruktur relativ leicht nach außen vergeben kann, häufen sich in der Industrie Berichte über gescheiterte Entwicklungsprojekte, die ganzheitlich outgesourct wurden.

Erneut muss der Fall der unternehmensinternen Entwicklungsabteilung differenziert bewertet werden. Denn die Aufgabe dieser Entwickler besteht nicht– im Gegensatz zum IT-Betrieb – in der wiederholten Durchführung von Standardtätigkeiten. Ihre Aufgabe ist es vielmehr, die Automatisierung von Geschäftsprozessen kontinuierlich voranzutreiben. Was das bedeutet, wird am Beispiel eines Customer Relationship Management-Systems (CRM-System) ersichtlich. Werden beispielsweise neue Produkte entwickelt, werden dedizierte Projekte aufgesetzt, in den ein Projektmanager zahlreiche Änderungen technischer und organisatorischer Natur berücksichtigen muss. Im Extremfall müssen neue Geschäftsprozesse entwickelt, automatisiert und aufgesetzt werden. Neue Strukturen in der Produktdatenbank, Hotline-Prozesse und Skripte, neue Vertriebsunterstützungsfunktionen, Logistik-Schnittstellen, neuartige Algorithmen und Abrechnungsstrukturen, Anbindung an neue Netze – all das muss schnell umgesetzt werden, denn der Wettbewerb schläft nicht. Wurde das CRM „outgesourced“, stehen dieser Aufgabe viele Hürden im Wege: Neue Verträge müssen ausgearbeitet werden, mindestens zwei Rechtsabteilungen müssen sich mit der Materie eingehend beschäftigen, es finden langwierige Preisverhandlungen statt, detaillierte Anforderungen müssen erstellt, gesichtet, auf ihre Vertragsrelevanz geprüft, und mit dem Lieferanten abgestimmt werden. Die Wahrscheinlichkeit, dass im Anforderungsmanagement wichtige Punkte übersehen werden, grenzt an hundertprozentiger Sicherheit. Kostspielige Change Requests und Verzögerungen sind unvermeidlich.

Die enorme Zahl gescheiterter, extern vergebener Entwicklungsprojekte ist bekannt. Bedenkt man die wichtige Rolle der entwickelnden IT im Unternehmen, verwundert diese Zahl kaum, denn die Entwicklung und die Geschäftsprozesse bilden im Unternehmen eine Einheit, die nur als Ganzes verändert werden kann. Wird hingegen die Entwicklung nach außen vergeben, während die Geschäftsprozesse komplett im Haus bleiben, führt das zu einer exponentiellen Steigerung erforderlicher Kommunikationskanäle und resultiert in kaum überschaubaren Risiken. Kommunikationsprobleme gehören daher zu den besonders häufig genannten Gründen für das Scheitern großer, externer IT-Entwicklungsprojekte.

Die Automatisierung von Geschäftsprozessen ist eine Kernaufgabe des Managements. Nicholas Carr kritisierte in seinem Artikel gedankenlose Investitionsaktivitäten, und dies in einer gewissen Weise mit Recht. Denn es geht nicht um die IT selbst, sondern um ihren eigentlichen Beitrag zum Geschäftserfolg. Dieser Beitrag wird jedoch häufig unterschätzt und vernachlässigt. Wenn Chief Information Officer (CIOs) jedem IT-Hype hinterherlaufen und auf „neue, wundersame Standardlösungen" setzen, nur, weil sie in den Schlagzeilen populär sind, so muss Herrn Carr Recht geben werden. Werden die Geschäftsprozesse hingegen als Ausgangspunkt genommen und IT-Innovationen als Werkzeug eingesetzt, so bringt die IT mehr Effizienz, ermöglicht neuartige Produkte und liefert daher handfeste Wettbewerbsvorteile.

Es ist an der Zeit anzuerkennen, dass die Informationstechnologie lange nicht mehr eine verstaubte Labormaus ist. Die Frage, ob die IT nun integraler Teil eines Unternehmens ist, erübrigt sich vor diesem Hintergrund. Die Effizienz und die Effektivität der hauseigenen IT sind insbesondere dann lebensnotwendig, wenn es um die Entwicklung softwaregestützter Geschäftsprozesse geht. Sie hat sich deshalb inzwischen als Fundament eines erfolgreichen, modernen Unternehmens etabliert. Wird die eigene Softwareentwicklung bagatellisiert, zahlt sich dieses i. d. R. negativ aus. Unabdingbar ist deshalb ein Management, das die Chancen der IT versteht und sie geschickt für den maximalen Mehrwert in ihrer Organisation nutzen kann.

In Unternehmen mit komplexen Geschäftsprozessen ist ein flexibles, leistungsfähiges, hauseigenes Entwicklungsteam ein entscheidender Wettbewerbsvorteil.

DAS ZIEL IST DAS ZIEL

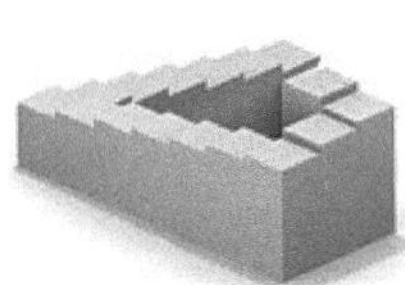

Einer der populärsten Killersprüche im Geschäftsleben, „Der Weg ist das Ziel", ist so missverständlich, dass man ihn besser ganz meiden sollte.

Das Nutzen wie das Abwehren sogenannter Volksweisheiten und Erfahrungstatsachen gehören zum Rhetorik-Know-how. Killersprüche wie „Das haben wir schon mal versucht", „Das haben wir schon immer so gemacht", „Das wurde nicht mit allen abgestimmt" und „Im Buch XY der Koryphäe ABC ist das genau andersherum" hört man als Berater täglich und muss damit professionell umgehen. Das ist täglich Brot und macht Spaß. Doch es gibt Sprüche, die mich immer besonders fröhlich stimmen. „Der Weg ist das Ziel" ist einer meiner Favoriten.

Der Spruch entstammt der Zen-Praxis und wird Konfuzius zugeschrieben. Im Zen wird damit eine rekursive Behauptung ausgedrückt, die das Erleben an sich in den Mittelpunkt stellt. Das mag in der Philosophie einen Anlass für eine wunderbare Diskussion liefern, im Geschäftsleben ist der Spruch wenig hilfreich.

Erstens: Das Ziel ist das Ziel und der Weg ist der Weg. Die kausalitätsfreie Kreuzreferenz „Weg -> Ziel" ist unlogisch und bewirkt einen „Kurzschluss" im Gehirn des Zuhörers. Darin liegt sicherlich ein Grund dafür, dass man den Spruch im dialektischen Gespräch nutzt; er ist dennoch sinnfrei und irritierend.

Zweitens: Der Weg ist nicht das Ziel, sondern führt zum Ziel, zumindest im Geschäftsleben. „Der Zweck (vulgo: das Ziel) heiligt die Mittel" markiert das andere Extrem im Vergleich, aber in der Mitte dazwischen liegt die Lösung. Nicht um jeden Preis, aber mit aller Macht ist ein gesetztes Ziel zu erreichen. Es wäre sonst kein Ziel. Und der Weg ist nur Mittel zum Zweck. Der Weg zum Ziel bedeutet häufig mühevolle, undankbare, vielleicht sogar schmutzige und äußerst riskante Anstrengung. Für einen Homo sapiens kann daher der Weg niemals das Ziel sein – der Weg steht ihm dabei im Wege, das Ziel zu erreichen.

Das Ziel ist das Ziel, der dahin führende Weg ist nur der Preis für seine Erreichung.

Ein anderer chinesischer Denker, Laozi, soll gesagt haben: „Nur wer sein Ziel kennt, findet den Weg." Den Spruch finde ich deutlich *zielführender*.

Printed by Books on Demand GmbH, Norderstedt / Germany